牛津学科论文写作书系

丛书编委会

孙　华　　李轶男

金　立　　赵思渊

朱静宇　　江　棘

郑伟平　　杨　果

（排名不分先后）

孙　华　北京大学教授，北京大学"学术写作与表达"通识核心课主持人

李轶男　清华大学副教授，清华大学写作与沟通教学中心主任

金　立　浙江大学哲学学院教授，浙江大学中文写作教学研究中心执行主任

赵思渊　上海交通大学人文学院教授，上海交通大学学术写作与规范课程负责人

朱静宇　同济大学人文学院教授、博士生导师，同济大学人文学院教学院长

江　棘　中国人民大学教授，中国人民大学写作与表达中心执行主任

郑伟平　厦门大学哲学系教授、博士生导师，厦门大学写作教学中心课程组组长

杨　果　南方科技大学教授，南方科技大学人文中心写作与交流教研室主任

政治学写作指南

[美] 米卡·拉瓦克—曼提
Mika LaVaque-Manty

[美] 丹妮尔·拉瓦克—曼提
Danielle LaVaque-Manty

著

李君然　姜子莹　译

WRITING IN POLITICAL SCIENCE
A Brief Guide

中国出版集团有限公司
研究出版社

图书在版编目（CIP）数据

政治学写作指南 / （美）米卡·拉瓦克 - 曼提，（美）丹妮尔·拉瓦克 - 曼提著；李君然，姜子莹译 . -- 北京：研究出版社，2025. 5. -- ISBN 978-7-5199-1887-3

Ⅰ . D0-62

中国国家版本馆 CIP 数据核字第 2025ZY9061 号

WRITING IN POLITICAL SCIENCE: A BRIEF GUIDE by Mika LaVaque-Manty and Danielle LaVaque-Manty
Copyright © 2015 by Oxford University Press
WRITING IN POLITICAL SCIENCE: A BRIEF GUIDE was originally published in English in 2015. This translation is published by arrangement with Oxford University Press. EAST BABEL (BEIJING) CULTURE MEDIA CO., LTD. is solely responsible for this translation from the original work and Oxford University Press shall have no liability for any errors, omissions or inaccuracies or ambiguities in such translation or for any losses caused by reliance thereon.
ALL RIGHTS RESERVED

出 品 人：陈建军
出版统筹：丁　波
责任编辑：杨芳云

政治学写作指南

ZHENGZHIXUE XIEZUO ZHINAN

［美］米卡·拉瓦克 - 曼提　［美］丹妮尔·拉瓦克 - 曼提　著　李君然　姜子莹　译

研究出版社出版发行

（100006　北京市东城区灯市口大街 100 号华腾商务楼）
天津鸿景印刷有限公司　新华书店经销
2025 年 9 月第 1 版　2025 年 9 月第 1 次印刷
开本：880 毫米 ×1230 毫米　1/32　印张：8.5
字数：183 千字
ISBN 978-7-5199-1887-3　定价：69.00 元
电话（010）64217619　64217652（发行部）

版权所有·侵权必究
凡购买本社图书，如有印刷质量问题，我社负责调换。

谨以此书献给那些教会我们许多的学生，
以及那些我们希望本书能帮助到的学生。

中文版总序

孙华，北京大学教授，"学术写作与表达"课程负责人

从 2019 年筹备北京大学写作中心，到持续 10 个学期建设北大通识核心课程"学术写作与表达"，我和不同学科专业的老师一直在讨论如何更好地建设学术写作课，为学生提供可持续发展的学术写作之路。我们这门课是通过学术规范、论文结构、文献检索、语法修辞、逻辑思维和高效表达的内容，提升学生的学术写作素养和表达能力，为学生打下一个学术写作的基础。然而，随着进入高年级的专业学习，学生需要更精准的指导，这要求学术写作课要从通用技巧深入到学科特性，为学生提供专业论文、实验报告等的学术写作支持。

牛津大学出版社策划出版的这个"牛津学科论文写作"系列丛书，汇聚了各学科具有代表性的学者，针对不同学科的写作规

范、语言风格、文献引用等方面的不同特点,帮助大学生和研究生提升学术写作的水平。翻译出版"牛津学科论文写作"丛书,一方面是克服语言障碍,让更多的中国学生受益,更好地了解国际学术标准和话语体系,另一方面是解决了目前高校的写作课程大多为通识课程,特别需要针对高年级学生不同学科的特点进行细分学术写作指导这个问题。三是每一册皆以精准的学科视角拆解写作规范,辅以实例与策略,将庞杂的学术传统凝练为可操作的指南。这有利于部分缺乏专业写作教学培训的老师在课堂上更好地进行学术指导;同时也扩大了自适应学习的资源,学生可以通过这些高质量的教材找到更适合自己学科的写作材料、范例等。

这个系列涵盖哲学、历史、社会学、政治学、人类学、工程学、生理学、护理学、音乐学等学科,也是由国内各领域知名学者承担翻译,保证了丛书中译本的权威性,助力同学们在专业学习中更从容地应对各种学术挑战,更顺利地走上学术研究之路。

英文版总序

主编 托马斯·迪恩斯（Thomas Deans）

米娅·波（Mya Poe）

虽然现在许多高校院系的各类学科都开设了写作强化课程，但很少有书籍能精准满足各门课程的确切需求。本书系致力于这一任务。以简洁、直接、实用的方式，"牛津学科论文写作"书系（*Brief Guides to Writing in the Disciplines*）为不同学科领域——从生物学和工程学，再到音乐学和政治学——的学习者提供经过实践检验的课程以及必要的写作资源。

本书系由富有教学经验的各学科专家撰写，向学生们介绍其所在学科的写作规范。这些规范在该专业的内行人看来是显而易见的常识，但对于刚进入这个学科学习或研究的新人来说可能是模糊不清的。故而，每本书都提出了关键的写作策略，配有清晰的说明和示例，预判学生们易犯的常见错误，并且点明老师在批改学生论文作业时的扣分点。

对于更擅长授课而非写作的教师，这些书可以充当便捷的教案，帮助他们讲授什么是好的学术写作，以及如何写出好的论文。大多数老师通过反复试错来锻炼自己的写作能力，经过了多年的积累，但要将自己思考和写作的经验传授给学生还是有点不得其法。"牛津学科论文写作"书系简明扼要地呈现了所有学科的写作共通的核心素养和各个学科的独特方法。

这个综合性的书系不仅对于写作强化课程极有价值，对于进入高级课程的学生、读研的学生和踏上职业道路的学生，也有指津的作用。

前言

不同学科对优秀学术写作的定义各不相同，这可能会让学生感到困惑，同时也未必会引起教师的注意。在从英语课程转到生物学课程、再转到政治学课程时，由于写作规则的变化，很多学生会感到无所适从。而教师可能会因为过于熟悉所授学科的特点而忽略这些差异。学术写作的多样性并不一定是个问题，它也为学生提供了探索学科差异、提升修辞与表达能力的机会。然而，学生很难独自完成这一任务，大多数教师也缺乏时间或资源来帮助他们。本书正是为此而生：它描述了政治学特有的写作模式，并解释了这些模式背后的逻辑。

写作与思考相伴相生。因此，本书的写作方法是解释政治学家如何思考，并将这种思考模式与他们对学生应如何写作的期望相关联。从许多方面来看，像政治学家一样思考意味着像社会科学家一样思考，但重点集中在某些特定类型的问题和关注点上，这些问题涉及行为者（选民、统治者、代表、政党、阶级、国家）在追求其目标（权力、公正、公共利益）时，所处的由制度（法律、规范、市场）和竞争塑造的世界。教授政治学写作的一个挑战在于，由于主题本身是政治性的，人们往往对此有着强烈甚至是激进的观点。因此，我们试图教会学生：（1）识别并运用不同的语体和不同层次的分析方法，从而（2）培养一种以尊重的态度与他人观点互动的倾向。我们试图帮助学生们理解，政治性、规范性和评价性的分歧不一定与事实性、经验性或解释性的争议相对应。例如，一个人是共和党人还是民主党人，并不能决定其对"民主是否促进发展"这一问题，或者对"启动效应和议程设置效应"的理解。换言之，在本书中，我们将努力帮助学生学习如何参与到政治学这一持续进行的"学术对话"中。

在接下来的章节中，我们将解释几个有关修辞学的核心概念——受众、目的、体裁和可信度，并将它们应用到政治学的语境中。随后，我们将引导读者完成论文写作的全过程：理解写作任务的要求、提出有趣且可回答的研究问题、为论点提供适当的证据，并在结论中对"所以呢？"这一问题给出令人满意的回答。我们还特别设置了一些章节来详细探讨措辞与风格，以及资料选择和文献标注等问题。从读后感到荣誉论文，我们的建议适用于不同长度和复杂程度的论文，并涵盖各个子学科。本书主要面向已决定主修政治学的本科生，但对于研究生新生，尤其是没有在本科阶段主修政治学的研究生新生可能也有帮助。对于仍在考虑是否选择主修政治学的学生（例如修读入门课程的学生），本书也是另一种学科导论。此外，我们相信，本书对文风细微之处和谋篇布局的关注，对于母语非英语的学生也将具有实用价值。

除了提供关于如何写好政治学论文的详细却又简明的建议，本书还包含若干建议清单，突出总结了关键要点。此外，本书的附录还收录了关于如何寻求和使用反馈的指南，并为要使用自己收集的数据的学生提供了进一步阅读的建议。

CONTENTS 目录

中文版总序 　　　　　　　　　　　　　　　　　　　　　　　1
英文版总序 　　　　　　　　　　　　　　　　　　　　　　　3
前　言 　　　　　　　　　　　　　　　　　　　　　　　　　5

第一章
像政治学家一样思考和写作　　　　　　　　　　　　001

像政治学家一样思考　　　　　　　　　　　　　　　　　　003
　政治学中子学科的差异　　　　　　　　　　　　　　　　004
像作家一样思考：了解读者期望对修辞选择的影响　　　　　009
　受　众　　　　　　　　　　　　　　　　　　　　　　　011
　目　的　　　　　　　　　　　　　　　　　　　　　　　011
　体　裁　　　　　　　　　　　　　　　　　　　　　　　012
　可信度　　　　　　　　　　　　　　　　　　　　　　　012

政治学写作的常见体裁	013
政治学课程中的常见体裁	015
如何使用本书	024

第二章

解读写作任务　　　　　　　　　　　　　　025

解读任务提示	026
如何应对令人困惑的任务提示	032
任务解读的建议清单	034
这样做	034
别这样做	035

第三章

文献综述与研究性论文的写作策略　　　037

解读学术对话	040
找到研究问题	045
确定如何回答研究问题：理解理论、案例与比较	047
将理论与案例联系起来	049
构建论证：从笔记和数据到提纲，再到论文	051
撰写有效的引言：第一遍	056
论文正文：结构选择	063
文献综述：与资料对话和作者消失问题	066

运用有说服力的证据：选择性地引用资料，还是尽力回应反驳	070
强有力的结论	074
两类"所以呢？"问题	075
局限性与未来研究方向	076
先来后到：拟定标题	077
当你以为大功告成时：修改策略	077
高效写作论文的建议清单	079
这样做	079
别这样做	079

第四章

数据驱动型研究计划书与 IMRD 论文的写作策略　　081

数据的类型	083
讨论他人收集的数据	086
1. 研究者是如何表述研究问题的？	086
2. 什么在与什么作比较，为什么？	089
加入学术对话：提出你自己的研究	090
研究计划书的引言	090
研究计划书的方法部分	092
收集和分析数据	093
用数据绘制清晰的图像：可视化的实践与伦理原则	094
呈现数据的常见方式	095
可视化的伦理与修辞	105

IMRD 论文	109
引　言	110
方　法	112
结　果	114
讨　论	116
摘　要	118
最后的润色：标题与修改	120
数据驱动型研究计划书与 IMRD 论文的建议清单	121
这样做	121
别这样做	121

第五章

读后感、案例研究、倡议性论文与博客文章的写作策略　　123

读后感	124
读后感的建议清单	127
这样做	127
别这样做	127
将理论应用于案例	127
将理论应用于案例的建议清单	128
这样做	128
别这样做	128
倡议性论文	128

倡议性论文的建议清单	131
这样做	131
别这样做	131
博客文章	132
关于博客和知识产权的注意事项	135
博客文章的建议清单	137
这样做	137
别这样做	138

第六章

风格即意义   139

路标语	140
过渡语	143
模糊限制	145
清晰行文	149
语境与强调	149
选择准确的动词	151
避免常见错误	155
夸大其词	155
过度写作	157
无意中的性别歧视	160
风格的建议清单	166
这样做	166

别这样做　　166

第七章
选择资料和标明出处　　167

一手资料和二手资料的定义　　168

查找可信的一手资料　　171

查找可信的二手资料　　173

选择可信资料的建议清单　　175

　　这样做　　175

　　别这样做　　176

转述、引用和总结　　176

在写作中融入直接引语　　178

编辑引文，确保语法一致　　181

直接引用的建议清单　　185

总结的艺术　　185

转述的艺术　　187

转述的建议清单　　190

了解并避免抄袭行为　　190

　　拼凑式抄袭　　192

政治学中的常见引用格式　　193

　　为何标明出处　　193

　　何时标明出处　　194

何时标明出处的建议清单　　196

　　如何标明出处　　197

芝加哥格式中应避免的常见错误　　　　204
APSA 格式中应避免的常见错误　　　　204

致　谢　　　　207
附录 A：寻求和使用反馈　　　　211
附录 B：数据的获取与呈现　　　　219
注　释　　　　221
索　引　　　　225

第一章

像政治学家一样思考和写作

THINKING AND WRITING LIKE
A POLITICAL SCIENTIST

1　　　政治学写作与一般学术写作有何差异？或许你在完成学校不同课程的论文时已经注意到，各个学科对写作的要求各不相同。由于面对的读者不同，优秀的英语文学论文与优秀的政治学论文看起来可能会大相径庭。在不同学科之间转换时，如何厘清各学科的写作规则可能会让人迷惑。本书旨在帮助你理解什么是优秀的政治学写作及其背后的原因。

　　政治学是一门内容广泛、形式多样的学科。它的研究范围既包括人们耳熟能详的议题，如总统选举，也包括人们较为陌生的领域，如古代雅典民主制度。政治学系通常包含各种各样的子学科，如美国政治、政治理论、比较政治等。这些子学科关注不同类型的政治议题。这又会给写论文带来一系列新的挑战，因为就连在政治学学科内部，不同的子学科对学生的写作要求也各不相同。

　　如果你是政治学专业的本科生，本书将帮助你理解政治学家的思维方式，把握政治学不同子学科之间的研究与写作差异，学会制定有效的论文写作策略，并了解政治学写作的引用与风格规

2 范。如果你是研究生新生，特别是如果你未曾在本科期间主修政治学，或没有在美国完成本科学业，你也可能会发现这本书很有帮助。

第一章　像政治学家一样思考

在本章中，我们将带你了解政治学家的世界，并向你介绍一些关键概念。这些概念将帮助你理解为什么政治学不同子学科的写作会有所差别。

像政治学家一样思考

首先，我们想向你解释政治学家如何做研究（即"像政治学家一样思考"意味着什么），以及他们的写作背景。举例来说，"职业政治学家"可以指在智库工作的政策专家、政府外交事务顾问，或是研究选举行为的教授。他们撰写的大部分文章都针对专业人士，但也有一部分面向大众。例如，美国国务院顾问在撰写政策备忘录时，可能默认读者已经了解了某些高阶政治知识；而像梅丽莎·哈里斯-佩里①这样的电视名人则不得不隐藏她的学术训练和专业知识，以便让MSNBC②的观众感到内容既易懂又有趣。本科生有时也可能被要求为这类（假想的）受众写作，不过大多数本科生的写作都是面向教师和同龄人的。这类写作的目的是帮助你以更成熟的方式思考政治问题，并与其他积极参与政治且有一定文化素养的非专业人士进行讨论。

---

① 梅丽莎·哈里斯-佩里（Melissa Harris-Perry）是一位美国作家、教授、电视节目主持人和政治评论员，曾主持MSNBC的节目。（——全书脚注如无特别说明，均为译者注。）
② MSNBC全称为"Microsoft and National Broadcasting Company"，即微软全国广播公司，是一个美国的新闻频道，由微软公司（Microsoft）和全国广播公司（NBC）共同创办。

政治学中子学科的差异

你可能在参加由政治学系（Department of Political Science）、政治系（Department of Politics）或政府系（Department of Government）开设的课程，这取决于你所在的学校；你也可能会在国际关系、公共政策、公共行政和国际研究课程中遇到政治学内容。不论系如何命名，政治学都细分为若干子学科，这些子学科不仅体现在专业领域划分上，而且（对你来说更重要的是）体现在本科生及研究生的课程设置中。美国常见的政治学子学科划分如表1.1所示。

表1.1　常见政治学子学科

美国政治（American politics）	研究美国的治理结构、其他政治机构以及政治行为。
比较政治（Comparative politics）	研究美国以外的其他国家的治理结构、其他政治机构以及政治行为。
国际关系（International relations）	研究国家间的关系及超国家（supranational）组织。
政治理论（Political theory）	研究影响政治思想的历史和当代理论、价值观、行为准则和概念。

让我们来详细说明一下。

- 正如你所想象的那样，**美国政治**的研究领域涵盖了美国的政治结构、政治机构和政治实践，包括立法机构（如国会）、行政机构（如总统）和司法机构（如最高法院）。有时，对法律与政治的研究也会有独立的子学科，如"法律与政治""公法""法律、法院与政治"或"法律与社会"。联邦制（即联邦政府与各州之间的关系）的作用是重要的研究主题；各州、城市和其他地方的政治也是研究重点。美国政治也关注选举及其相关的选民、政党和利益集团的行为、态度和信念，以及政治沟通的运作方式。被称为"美国政治学家"（Americanist）的研究者，可能会采用定量方法来回答其研究问题，如设定"得分"或某种指数对政治家或法官的立场进行分类；不过他们也可能会对政治人物进行访谈，甚至深入他们的工作场所，观察他们的日常生活（这种研究方法被称为"民族志"）。有些"美国政治学家"还会借助心理学的方法，比如通过实验来探究竞选广告是否会引发种族偏见。[1]

- **比较政治**关注的问题与美国政治类似，但其研究重点是美国之外的其他国家。一些"比较政治学家"（comparativists）专注于研究世界某一特定区域（比如非洲、欧洲或中亚），甚至是单一国家（例如中国）；还有一些学者可能会围绕特定主题展开研究，如政治经济学或威权主义。每个人的研究本质上来说都是比较性的，因为这些研究都有助于我们从整体上理解（比方说）不同选举制度或政治体制对经济发展或民主化进程的影响有何差异。比较政治学家往往对全球某些特定地区有深入的了解，因此他们除发表学术作品之外，也经常参与主流媒体的时事讨论。

- **国际关系**经常被政治学领域之外的人与比较政治混淆，但它更加关注国与国（及其他国际主体，如联合国或世界贸易组织）之间的互动，包括战争和其他冲突，以及国际贸易等议题。政治学的子学科之间的确存在交集：例如，许多在比较政治经济学中提出的问题，同样也属于国际政治经济学的研究范畴；而比较政治学研究中关注的国家层面的民族或宗教冲突问题，也可能会引发国际层面的后果。一位国际关系学者可能会撰写一篇学术文章分析美国与苏联之间的古巴导弹危机，将其视为一个可以通过形式化数学工具分析各种行为的博弈；但他也可能在报纸上发表专栏文章，主张与恐怖分子进行对话是一种合理的政策选择。[2]

- **政治理论**有时也会让人感到困惑，因为政治学的各个子学科都不可避免地涉及理论构建（我们会在第三章探讨"理论"一词的诸多含义）。但作为一个特定的子学科，政治理论侧重于讨论政治概念（如"什么是民主？"）和政治价值观（如"什么是公正？"），并且常常就这些概念和价值观提出关乎规范的论证。它论证的是真理应该是什么，而不是描述现实是怎样的（如"民主的理想形态是代议制而非直接民主""家庭中的性别分工是不公正的"）。

我们刚刚提到的政治学子学科的分类存在许多不同的变种，

每个子学科内部也有很多种类，而且这些分类也未能涵盖政治学的所有方面。例如政治学方法论，或者说对政治学研究方法的研究和进一步发展，在政治学界和研究生课程中被视为独立的子学科；本科生课程有时也将方法论作为单独的子学科。公共行政和公共政策有时是子学科，有时是独立的系，有时甚至是大学里的另一个"学院"。

政治学家使用的研究方法有不同的分类方式。一个常见的分类是经验研究（empirical approaches）与理论研究（theoretical approaches）。这种分类背后包含了两个紧密相关的问题：第一，"你的研究主要关注哪种内容？"第二，"哪种信息能够证明你的观点是正确的？"我们通常将这两者称为研究对象。在经验研究中，这两个问题的答案是"现实世界中的事件、实践和行为"。在理论研究中，答案则是"观点之间的关系"。因此，经验研究者可能会分析哪些因素与民主化进程相关，或者国会议员如何看待他们的选民；而理论研究者则可能探讨如果人类天性自私将有何影响，或者两个拥有核武器的国家力量均等会有什么结果。

> 研究对象 = "我们研究的事物"
> 方法问题 = "我们如何进行研究"

我们还可以将不同的分类方式应用于上一段的例子，这里的关键问题是："你如何进行研究？"我们称之为研究的方法问题。尽管不同的人以两种不同的方式来定义这种区别，但就我们而言，可以将这两种区分方式归为一类：定量-形式（quantitative-formal）方法和定性-解释（qualitative-interpretive）方法的区分。例如，研究民主化相关因素的学者和研究两个理性主体间冲突模型的学者可能都会运用数学工具。同样地，跟踪国会议员的学者和探讨人性自私本质的学者都会进行解释工作（即使一个是在解释现实生活中人们的言论，而另一个是在解读托马斯·霍布斯写于 1651 年的著作）。表 1.2 展示了这两种分类维度可能衍生出的不同研究方法的实例。

表 1.2　方法问题

		定量-形式	定性-解释
研究对象	经验研究	（1） 统计学	（2） 档案研究 民族志 访谈
	理论研究	（3） 数学建模	（4） 概念分析 文本分析

在实际操作中，许多政治学家会将这些方法结合起来，采用"混合方法"进行研究。例如，他们可能会借助采访游说者来深化对国会游说行为的统计分析，也可能会利用档案资料来证明某个历史事件的形式化模型是合理的。换句话说，政治学是一个倡导"研究方法多元性"的学科。

在本章后续内容中，我们将努力向你阐明在政治学领域，专家和学生如何在不同类型的写作中处理研究方法和研究对象的问题。

像作家一样思考：了解读者期望对修辞选择的影响

在上文中，我们已经概述了像政治学家一样思考意味着什么。为了最大限度地利用这本书，你还需要知道如何像作家一样思考。对我们而言，"像作家一样思考"意味着学会辨别不同学科和不同类型文本之间的差异，并理解那些有助于解释这些差异的关键概念。正如政治学家有特定的思考方式一样，作家也有特定的写作和阅读方式。

让我们从阅读开始。你可能会惊讶地发现，不同子学科的政治学家不仅写作风格不同，阅读习惯也各不相同。研究定量数据（例如投票行为）的学者可能希望看到规定的章节（"引言""方法""结果"和"讨论"），而研究政治理论的学者则会对这样的标题感到惊讶。读者的许多其他期望也会影响他们对优秀写作的判断，包括词汇使用、引用格式，以及如何"恰当"地表达与其他作者的分歧。

我们将借助修辞概念来探讨不同读者和不同写作类型之间的区别，这些概念包括：受众（audience）、目的（purpose）、体裁（genre）和可信度（credibility）。首先，我们要先定义一下这里所说的修辞概念（rhetorical concept）指什么（表1.3）。我们知道，很多人使用"修辞"一词来指代那些毫无意义或不光明正大的演讲或写作，但在这里，我们使用的是它更经典的含义：修辞是一门说服的艺术，用语言（无论是口头的还是书面的）或图像作为工具，促使他人同意我们的观点。

> 修辞＝狡猾之人用以达成目的的狡猾说辞
> 修辞＝关注那些对特定读者而言相关且有说服力的内容

乍一看，"说服的艺术"似乎并不适用于那些不为某种立场进行游说的学术论文，但换个角度思考：当你撰写论文时，你需要说服读者（在课堂上则是评分者），你所写的内容值得他们认真对待，你的信息正确、论证合理。前面提到的各个方面，包括你选择的引用格式这样看似微不足道的细节，都会影响读者对你的数据和论证质量的印象。当你的作品与读者的期望不符时，读者就不太可能信任你。我们将在后面进一步讨论这个问题。

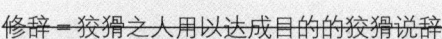

表 1.3　修辞概念

受众	你想要说服的读者
目的	你为何写作
体裁	你的写作形式
可信度	你的读者认为你有多么值得信赖和权威

受 众

从作者的角度来看，任何作品的受众都包括所有预期中（和想象中）的读者。通常情况下，作者无法确切知道谁会阅读自己的作品，但作者的读者意识应该贯穿文本的各个方面。想象一下向你的物理教授描述竞选财务法（campaign finance laws），再想象一下向一个五年级学生描述它们。这些描述在长度、复杂性和所谓"语体"（register，即词汇和句法的合适选择，通常与"正式性"相关）方面可能会有很大差异。相比针对物理教授的写作，对五年级学生，你可能会采用不那么正式的风格，使用更简短的句子、更浅显易懂的词汇和更轻松的整体风格。

目 的

论文的形态取决于作者的写作目的。政治学家可能为了向即将进行谈判的外交官提供关键信息、向同行专家传达新观点或向公众解释民意调查数据而写作。请注意，目的总是与受众紧密相关：人们是为特定的读者和特定的原因而写作。当为课程而写作时，你的目的可能是"获得好成绩"。但为了实现这一点，你往往需要想着像是为其他目的而写作。即便你的目标是获得好成绩，你也应该阐明一个对于那些不会给你评分的读者有意义的写作目的；这样的写作目的可能是知识性的、实用性的，或是两者兼备。

体　裁

根据约翰·C. 比恩（John C. Bean）的定义，"体裁是指那些反复出现的，具有鲜明的结构、风格、文档设计、主题处理方式等特征的写作类型"[3]。体裁的例子包括学术文章、研究计划书、个人随笔、电影评论、博客文章和推文等，不胜枚举。然而，体裁不仅仅是格式问题。不同的体裁服务于不同的目的，对应着不同的受众。学术文章的目的是向同行专家传达研究发现，而电影评论则旨在帮助观众选择想看的电影。修习多门学科的学生面临的一个困难是，"相同"的体裁（例如学术文章）也可能因学科而异。因为随着我们的研究越来越细分，"相同"的受众（同行专家）也会发生变化。生物学家、文学评论家和政治学家可能都是"研究专家"，但他们有非常不同的读者期望。

可信度

可信度也被称为"信誉"（ethos），是指作者在受众心目中的可靠性和权威性。说谎的人是不可信的；同样，那些对自己所谈论的内容一无所知的人也是不可信的。现在，你可能已经发现了这些修辞概念之间的密切关联：文章只有符合受众对其体裁的期望才是可信的；而不可信的文章将无法实现其目的。可信度必须通过努力来争取，本书的一大目标就是向你展示经验丰富的作者用来争取可信度的屡试不爽的妙招。

政治学写作的常见体裁

政治学的学术写作体现了该学科方法论的多样性：在解释性研究或（非定量的）理论研究（表1.2中的第二和第四象限）中，许多重要研究仍以专著形式出现，即关于单一主题的书籍。而在"经验"和"定量-形式"研究（第一、第二和第三象限）中，人们通常期望看到一篇"引言、方法、结果、讨论"（Introduction, Methods, Results, Discussion，IMRD）文章。你可能已经注意到，第二象限同时出现在两个类别中，这反映了该象限所包含的研究方法的多样性。

学生层面的写作反映了、但也超越了这种方法论多样性。除了"学术"写作，政治学课程还常使用政策备忘录（policy memos）、专栏文章（op-ed articles）和博客来锻炼学生的分析能力（图1.1）。政治学课程中的传统学术写作通常要求学生回应、分析和比较理论性与经验性观点。各子学科常见的学期论文都是某种理论/案例应用，例如："利用y国发生的x事件来探讨p导致q的理论"或"既然该理论预测了x，为何y在z类情境中持续发生？"虽然大多数政治学课程不要求学生自己收集数据做研究，但有些［最常见的是荣誉论文（honors theses）和毕业论文（senior theses）］会这样要求。课程越来越多地要求学生设计研究，或基于已有数据进行分析和写作。在一些课程中，"写作"还包括数据可视化。

11f

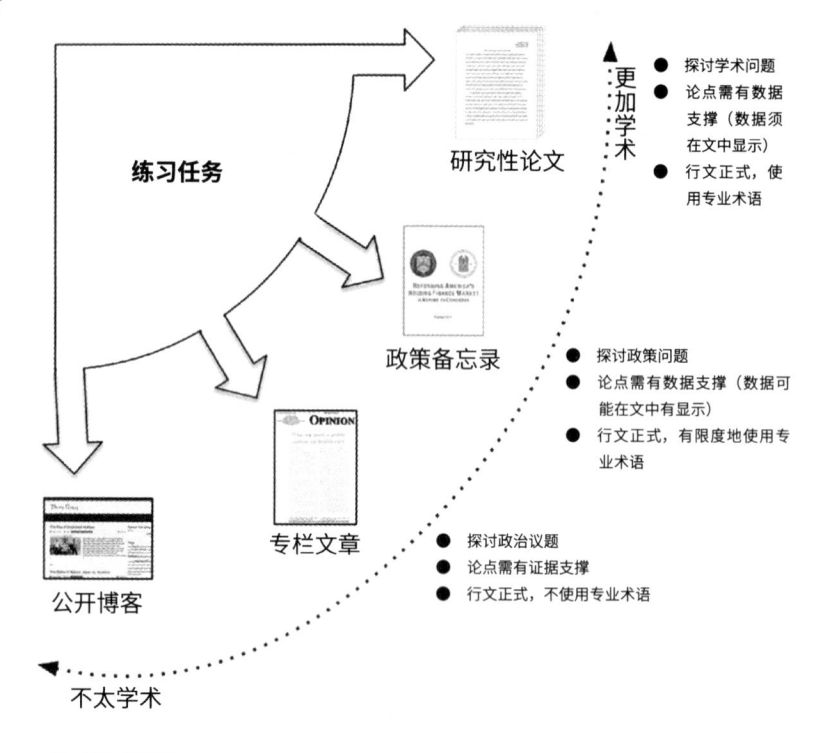

```
                                            • 探讨学术问题
                         研究性论文              • 论点需有数据
                                              支撑（数据须
                                              在文中显示）
    练习任务                                    • 行文正式，使
                                              用专业术语

                         政策备忘录
                                            • 探讨政策问题
                                            • 论点需有数据支撑（数据可
                                              能在文中有显示）
                                            • 行文正式，有限度地使用专
                                              业术语

                    专栏文章
                                            • 探讨政治议题
                                            • 论点需有证据支撑
                                            • 行文正式，不使用专业术语
    公开博客

    不太学术
```

- 探讨政治议题
- 论点与意见可能交织在一起
- 行文随意，不使用专业术语

图 1.1　政治学写作的常见体裁

在过去的十年里，互联网降低了发表作品的门槛，政治学家也和世界上的其他人一样纷纷进入博客圈和社交媒体。实际上，一些政治学家所撰写的博客日益受到关注，这表明博客已成为读者寻求政治学专业知识的重要体裁。[4]

上述类型的写作至少在某种程度上模仿了"真正的"政治学

家的工作，除此之外，政治学中还有很多写作属于"学徒练习体"（apprenticeship genres）：针对阅读材料或"思考提示"的小论文，针对明确限定问题的类似考试的回答，或是旨在练习某种通用技能（如总结、转述或文献综述）的"小练笔"。这些体裁之所以被称为"学徒练习体"，是因为它们不会出现在课堂之外；它们是师生沟通的工具，并不像那些以发表为目的的体裁。总的来说，我们认为这些学徒练习体是有价值的，但学生处理这些体裁的方法也有好坏之分，我们将在第二章中加以说明。

> 在政治学课程中，"短"和"长"具体指什么呢？很多教师和学生认为是指页数，但随着新的数字媒体格式的出现，以双倍行距打印的信纸大小的格式已仅仅是众多输出格式中的一种。在本书中，我们主要用字数来描述篇幅；以双倍行距打印的页面，一般每页约为 250 个词。短篇作业一般不超过 1000 个词，中篇作业一般为 1000—2500 个词，学期论文等较长的作业篇幅会更长。除了学位论文（可长达 6000—30000 个词），政治学本科课程的单项作业很少超过 5000 个词。

政治学课程中的常见体裁

比较与对比

在几乎所有大学课程中，你都会遇到"比较与对比"（compare and contrast）的论文。学生们常误以为，进行对比就是扮演裁判——也就是说，决定哪个是正确的、更好的或最有价值的，哪个是错误的、最糟糕的或最愚蠢的。然而，大多数时候，这并不是老师希望你做的。你的任务是关注比较对象之间的差异，并思考这些差异的意义。有时候，你会被要求进行评价（做出判断），但更多时候不是这样。

- **观点比较**。例如，在政治理论课程中，你可能会被要求比较托马斯·霍布斯和约翰·洛克的社会契约理论。虽然两位理论家都提出了"社会契约"理论，但他们的观点却大相径庭。作业可能会要求你首先阐述这些差异，然后利用文本推测这两种理论为何不同；也可能会要求你探讨这些差异的政治意义。在关注美国宪法解释的美国政治课程中，你可能会被要求比较两个或多个最高法院的多数判决背后的论据，而不是理论本身。
- **相似点与差异**。大多数问题不只有两面，一种常见的任务是要求你找出几个观点或现象之间的相似点与差异。这种任务的典型结构是："思考理论家／观点／事件 x、y 和 z。建立一个论证，显示其中任意两者之间的相似性如何与第三者形成对比。"在这类任务中，老师通常不是在寻找一个"正确"答案，而是在考查你对不同的观点或事件进行分析和分类的能力。
- **分析与综合**。基本的"比较与对比"论文是分析的一种形式：将某种事物（如理论）分解成更小的部分，然后探究这些组成部分如何以及为何会形成这样的关系。在前面提到的"相似点与差异"变体中，分析同样能帮助你进行综合：将较小的组成部分连接成更大的整体，比如将马克思和涂尔干的研究方法（较小范畴）归类为"结构主义"（较大范畴）的例证。当然，有很多方法可以让你同时做到这两点；这类任务的目的通常是考查你是否理解了相关的特征。

文献综述

研究性论文（我们将在后面讨论）必然涉及文献综述，但教师们也经常将文献综述作为一个单独的任务布置给学生。回顾现有文献是加入"学术对话"的重要方式，我们会在整本书中持续探讨这一点。老师通常不希望你只是简单复述谁谁谁说了什么；文献综述既是对研究主题现有知识的综合，也是对尚未解决的问题的分析。

研究性论文

过去，人们常以为研究就是"去图书馆找东西"。现在，人们又觉得研究就是"在谷歌上找东西"。严格来说，这两种想法都是错误的。研究确实可以也应该包括查找资料，无论是在实体藏书还是在数字资源中。但学术意义上的"研究"，是指回答尚无人解答的问题，或者提供比现有答案更好的答案。这种对原创性的要求在实践中是很艰巨的，大多数本科阶段的研究，尤其是那些在学期或季度课程中进行的研究，通常无法达到这一标准。甚至在本科阶段或研究生阶段的前几年，大多数研究任务也不以此为目标。然而，牢记"研究是回答一个无人知晓答案的问题，或者更好地回答一个常见的问题"这一理念，有助于理解老师尝试教给你的东西：如何像政治学家一样思考。查找资料只是研究过程中的一个步骤，它通常是去了解哪些问题已经有答案了（哪些还没有），他人是如何（在你看来目前还不够完美地）回答这些问题的，以及为什么读者应该关心如何找到更好的答案。

研究计划书

一个学期，即使是十六周的学期，通常也不足以完成一个重要的研究项目，如果你在同一学期内还要学习研究的内容和方法，就更是如此了。因此，你不会经常遇到要求完成整个项目的任务。但研究计划书（proposal）是一种比较常见的任务，这在学术界也是最普遍的"幕后"体裁。所谓"幕后"体裁，是指那些不在公众视野下进行但依然非常重要的写作。在政治学领域，研究计划书无处不在：它可能是论文计划书，用以获得启动大型项目的许可或找到指导老师；可能是资助计划书，用以获得项目的资金支持；可能是会议计划书，用以吸引听众关注你正在进行的工作；也可能是书籍计划书，用以获得出版商的青睐。

即使对于非专业的政治学家（比如你），研究计划书也是一项很好的任务，你可以通过它来锻炼和展示重要的能力。研究计划书要求你具备分析与综合的能力，能有效地根据你的研究题目对现有学术研究进行分类总结，并将你的问题置于其中。更重要的是，它要求你说明所选的研究方法如何有助于解答你提出的问题。研究计划书也是检验你的论证写作能力的重要方式：你需要说服受众——比如一个真实或假想的资助机构——为什么你的问题很重要，为什么你是研究这个问题的合适人选。因此，研究计划书可能是对你的未来最有帮助的体裁，即便你的未来与政治学相去甚远：一名聪明的大学本科生几乎必然要为自己想做的项目进行有力的论证，无论是电影宣传、商业提案，还是工程项目。

即便研究没有后续开展，写作研究计划书也是一项复杂而艰巨的任务，因此研究计划书通常会被分解成几个部分（这被称为"搭脚手架"）。例如，一位政治学家在他的美国政治课程中为资助计划项目搭建了两个预备任务：一个是早期的"想法备忘录"，学生需要解释自己的研究问题、采用的研究方法，以及这个问题为什么重要；另一个是中期的"进展备忘录"，学生需要报告已经完成了哪些工作、出现了哪些问题，以及还需要做些什么。其他课程可能会针对研究计划书常见的不同部分设定一系列错开的截止日期，以此"搭建脚手架"：带注释的参考书目可能会先于文献综述完成，并为后者提供信息；而文献综述可能会先于说明研究重要性的部分完成，并为后者提供信息。

研究计划书不必须是"脚手架"的形式。有的教师可能会提供一份详尽的任务提示，明确列出研究计划书的预期组成部分（如一般理论、该理论隐含的可检验的假设、与假设相关的变量）并解释这些组成部分的含义。

数据分析

研究计划书的任务通常是为了帮助学生理解和处理数据。虽然许多政治学课程在方法论训练方面提供的资源有限，但有时本科生也有机会参与需要收集原始数据的高级工作，或者使用他人提供的数据集。

当然，并非所有的数据都是定量的。但你也需要明白，即使这类任务涉及数字和使用"描述性统计"等概念，它们的核心也并非数学或统计学。因此，即使你（自认为）不喜欢数学，也不要回避那些要求你使用定量数据的课程。学习数学当然是有价值的，而且如果你继续在政治学领域深造，数学和统计学方面的训练将非常有用。但是，好的研究任务会让你理解理论与证据之间的关系；数字只是实现这一目标的手段。

以"能源政治"课程的一项任务为例。教师要求学生绘制一张图表或散点图，直观地展示各国人均用电量与人均 GDP 的关系，并要求学生解释他们观察到的规律。这是一项写作任务，不仅因为它要求学生用文字描述用电量与人口之间的关系，还因为它所使用的视觉元素（无论是图表还是散点图）本身也是一种表达观点的方式，是一种视觉修辞。（关于视觉修辞的更多内容，请参阅第四章。）

读后感

读后感（response papers）是各种等级的课程中都很常见的任务形式。它们可能有多种目的，也可能同时具备多个目的。有时，老师可能会用读后感来代替小测验，以确保你完成了阅读任务，并评估你从阅读中学到了什么。这些文章也可能被分发给班上其他学生以开启课堂讨论。也可能，它们是老师用来激发你思考的方式，以帮助你完成学期论文。在政治学课程中，读后感的关键在于，老师通常并不是想了解你的政治观点，而是想了解你与课程相关的思考，以及阅读材料后产生的问题。

将理论应用于案例

正如我们之前提到的，上述例子并没有要求你"跳出文本"。但政治学首要且最终关注的是现实世界，是社会和政治现象。政治学理论旨在解释世界为何或如何以这种方式运作，因此你经常会遇到这样的任务：使用分析或综合的方法，将观点与现实联系起来。

多数政治学任务不会要求你解释世界上的现象，但会要求你讨论现有的解释。这类任务的另一种形式可能是，要求你找到一个或几个具体应用了某个理论的实际案例。例如，国际关系课程的任务可能会这样要求："找出一个体现了官僚越级汇报（bureaucratic stovepiping）理论的战争案例，并详细说明它为何符合这一理论。"在基础政治学课程中，教师或教材可能已经讨论过这类案例，你的任务只是回忆并识别关键特征（你可能会说"第一次世界大战！"）。在更高要求的任务中，你可能会被要求自己寻找这样的案例："我们已经讨论了第一次世界大战中英国的军事战略，作为越级汇报的案例。你能再举出一个同样现象的例子吗？它为何符合这一理论？"

倡议性论文

在图1.1中，政策备忘录和专栏文章都可以被称作倡议性论文（advocacy papers）。有时，这些文章也被称为"立场文件"（position papers），但我们倾向于使用"倡议"一词，因为你在更"纯粹"的学术论文中也可能表达立场，比如某人的民主化理论更能解释后冷战时代东欧的情况。这个区别虽然细微，但很重要：在倡议性写作中，你试图促使某人最终去做某件事，比如让政府机构采纳某项政策，或者说服选民支持某位候选人。

政治学课程中的博客

博客可以单纯是读后感平台，其受众可能仅限于你的同学，甚至仅限于你所在课程的学生。一些教师可能使用这类博客来准备或延续课堂讨论。博客还可能是一种"日志"形式，这是另一种低风险的写作方式，目的是让你持续思考课程主题，或帮助你发展更大的写作项目。

那些面向更广泛的受众、甚至能被全世界看到的博客，为你提供了截然不同的练习写作的方法。在这种情况下，博客写作在某种意义上可能仍然是低风险的，因为没有一篇博文或评论会对你的成绩起到很大的决定作用，教师的反馈也可能有限。但写作的内容会被你的父母或未来雇主看到，这又在某种程度上提高了风险。如果你的老师将课程博客公开，并承诺（或威胁）要让它留在网上，你就需要像在社交媒体上选择能"流传后世"的派对照片时一样，仔细考虑你的博文。

在图 1.2 中，我们大致展示了各类任务的难度递增情况。由图可见，难度的提升主要体现在两个方面：复杂性和自主性。所谓"自主性"，是指教师对学生原创性工作和思考的期望程度，而"复杂性"则是指任务中涉及的"灵活部分"的增加。更为复杂的论文要求作者能够处理更多的信息、事实、概念和理论，以及这些组成部分之间更多的相互关系。这包括"正确处理",有时学生认为这是教师唯一关心的,但其实远不止如此。(这就是为什么有时教师会说:"没有唯一正确的答案,但有很多错误的答案。")如果这看起来很吓人,或者这些概念对你来说都很陌生,请不要担心!我们将在接下来的章节中详细介绍研究和写作的具体方法。

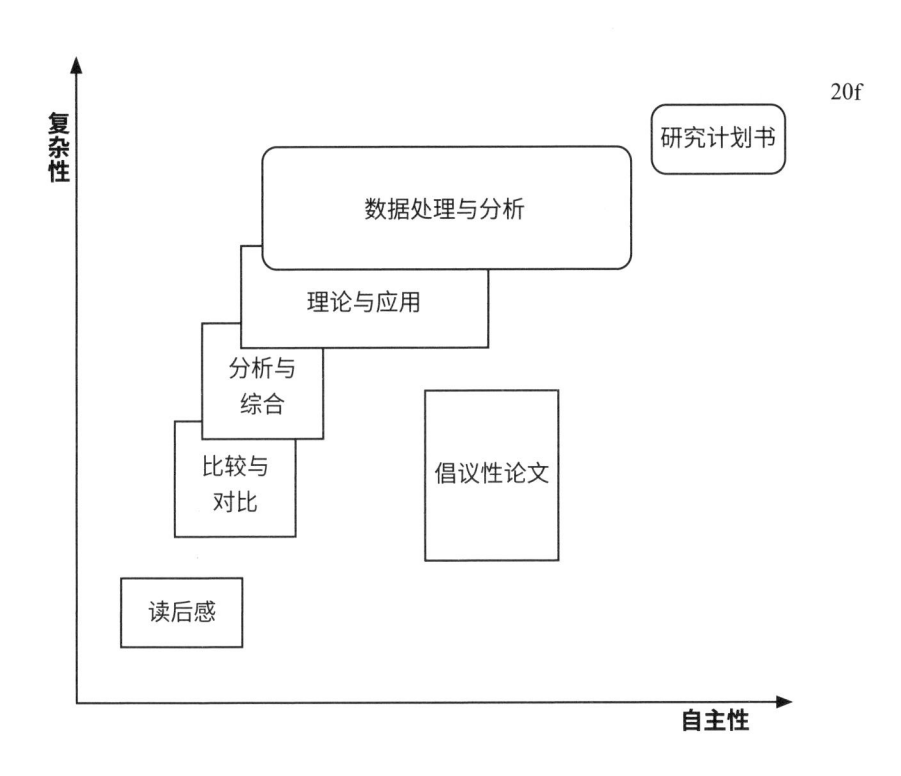

图 1.2 按任务的复杂性和对自主创造性的期望程度大致划分的任务类型

如何使用本书

在本书的后续章节中，我们将更详细地指导你处理写作任务。在第二章至第五章，我们将详细介绍撰写和修改论文的策略。第二章将帮助你理解写作任务的具体要求，第三章将带你了解完整撰写一篇论文的过程，特别是文献综述和研究性论文的撰写。第四章为有机会撰写自己收集和分析数据的研究性论文或撰写此类研究计划书的读者提供了具体指导。第五章则提供了政治学中其他常见体裁（如读后感、将理论应用于案例、倡议性论文和博客文章）的撰写建议。第六章聚焦关于语言和风格的细节：如何清晰行文，以及如何以令人信服的方式表达观点。第七章将解释如何选择合适的参考资料，并有效地进行引用。最后，附录部分提供了关于获取写作反馈的建议，以及一份可能对需要自己收集数据或制作数据可视化图表的学生有帮助的资料列表。

第二章

解读写作任务

DECODING YOUR WRITING ASSIGNMENT

在第一章，我们阐述了政治学家的思考方式、他们撰写的论文类型、他们认为的"优秀写作"及其原因。在本章，我们将讨论写作过程中一个适用于任何类型论文的关键点。由于政治学包含众多不同的体裁和修辞方法，弄清楚教授的确切要求常常让人感到气馁。因此，让我们从起点说起。对学生而言，这个起点就是收到写作任务的那一刻。

解读任务提示

根据前一章所学的内容，你应该会认识到：要想圆满完成写作任务，首先需要理解其**受众**、**目的**和**体裁**。记住，课堂上的体裁可能是老师为了帮助你理解复杂概念或练习特定技能而特意设计的一种混合型或虚构体裁。在解读任务提示时，问自己一个关键问题：这个任务是为了让你学到什么？这样问总是很有用。老师通常一开始就会明确说明这一点，就像下面这个国际关系课程的任务示例：

本学期，你将撰写一篇中等长度的**研究性论文**（12—15页），**分析和评估当前一项冲突干预措施**。

> 这是什么类型的任务？
> 论文的目的

任务目标

该任务是为促进冲突研究专业学生的智力发展而特意设计的。具体而言，在撰写论文时，应该牢记以下五个目标：

- 学习根据课堂所学相关理论和研究成果来分析和评估冲突。
- 对你感兴趣的特定冲突、地区或干预类型有更深入的了解。
- 提高研究技能，包括使用一手、二手和网络资料的技能。
- 提升分析写作能力，为**将来在本课程中的学习和毕业后可能从事的项目分析师等工作**做好准备。
- **为在将来工作中撰写冲突相关议题的政策与研究报告做好准备。**

> 关于受众的提示，用粗体标出

一篇12—15页的论文意味着你将投入大量时间，因此，认识到你应该从中获得哪些技能和知识，以及理解老师认为你所学的写作技能将如何应用到课程之外的实际情境中，是非常有益的。

这个任务涉及的体裁一开始就已经明确了：一篇研究性论文。虽然没有明确指出除老师之外的受众，但鉴于其中一个学习目标是为担任项目分析师的工作做准备，因此可以合理推测，读者可能包括学术专家，以及需要做出实际政策决策的人。论文的核心任务——分析和评估冲突干预措施——也暗示了其目的：弄清楚所讨论的干预措施效果如何，从而提出改进这一特定干预措施（以及其他未来可能需要的干预措施）的想法。

对比另一项研究性论文任务：

研究性论文 #1：实验性竞选活动 本学期的第一项任务是**进行一次实验**。任务将分三个部分展开： 1. 为某位候选人或某个议题制作两件竞选宣传品以公之于众，可以是平面广告，也可以是视频。这两件宣传品应该看起来相似，但在某些细节上有所差异。例如，可以选择使用不同的措辞来描述候选人，或使用不同的图像，或者以不同的格式对广告进行排版。要拿出有意义的理论依据来解释两个版本的呈现形式为何存在这些差异。宣传品应品质上乘，并且栩栩如生。 2. 使用 Survey Monkey 将这两件宣传品	这是什么类型的任务？ 论文的目的

发送给你认识的人。应随机决定调查对象收到哪个版本的宣传品。每位调查对象只应收到一件宣传品。每件宣传品至少应有50名调查对象。设计调查问卷，询问他们对宣传品的看法，以及他们对候选人或议题的反应。

3. 比较两件宣传品的效果。然后**撰写实验结果**，并就使用哪个版本**提出建议**。

> 从第 3 步开始写作

在实际撰写的论文中，你需要描述你进行的实验，并提供宣传品的示例（如果是视觉材料，请展示；如果是视频，请描述）。讨论你设置的实验，包括评估其内部有效性和外部有效性。你为什么要使用这种方法？你对不同的结果曾有什么预期？结果显示了什么？它们意味着什么？

论文的最终篇幅应在 1500—2000 个词之间。

这两个任务都要求学生撰写研究性论文，但它们非常不同——不仅仅是因为一个是关于国际冲突，另一个是关于美国的政治竞选。第二篇论文的目的在开始时就已经指出，是教会你进行实验的步骤。请注意，在这个任务中，实际写作是从第 3 步才开始的，前面的步骤是作者自己收集数据的过程。我们将在第四章讨论如何就你自己收集的数据撰写文章，届时我们将再次探讨这类任务。

不管你的任务是什么类型，都要确保自己明白那些描述你在论文中需要做什么的术语（表2.1）。"分析"和"评估"之间究竟有什么区别？它们都意味着你需要仔细思考一个问题。首先，"分析"某事物涉及探究它为何以现有形态存在，以及它的组成部分是如何相互作用的（在这个案例中要分析的是，冲突为何及如何发生，为何选择该干预措施，以及该干预措施是如何实施的）。而"评估"意味着探究某事物达到目的的"程度"——干预措施在多大程度上减少了冲突——以及某事物成功或失败的原因。分析是评估的必要步骤，但正如我们在第一章所指出的，写作任务可能要求你只进行分析，而不要对所分析的内容进行评估。

表2.1 政治学任务提示中的常用动词

分析（Analyze）	探究某事物为什么及如何运作或组合在一起。
评估（Evaluate）	探究某事物达到目的的程度如何。
论证（Argue）	表明立场并给予支持。
讨论（Discuss）	可能指"解释"或"分析"。
批评（Critique）	评估优缺点。
解释（Explain）	可以是"复述课堂上学到的解释"，也可以是"就事情发生的原因提出自己的新理论"。
提议（Propose）	可能指"制定研究计划"或"推荐一项政治策略"。

密歇根大学斯威特兰写作中心提供的在线资源指出："其他可能要求分析的词有阐述（elaborate）、检查（examine）、讨论（discuss）、探索（explore）、调查（investigate）和判断（determine）。"[1]这些差异可能很小且微妙。例如，"探索"问题可能允许你不像"分析"问题那样严格，"判断"则听起来像是在进行评估。如果你不确定，可以向老师询问他们的期望。

事实上，对于任务中任何不清楚的地方（包括格式和预期的引用方式），我们都建议你向老师咨询。

如果任务提示没有给出答案，你可以向老师询问的关于撰写论文的问题：

这篇论文旨在帮助我学习什么？你需要精心表达，可以这样提问："我想从这次任务中有尽可能多的收获，并且做好它；您能否告诉我，我应该在写作中培养和展示哪些知识和技能？"

这篇论文是否面向老师之外的假想受众？比如国会、某位学者或普罗大众？

论文的某些部分是否应该比其他部分占据更多的篇幅？例如，如果要求分析和评估某件事物，分析和评估应该各投入一半时间吗？还是其中一项比另一项更重要？

老师能否为一些不清楚的动词（比如"讨论"）提供定义或同义词？

如果论文涉及有争议的政治问题，我是否需要在这些问题上表达自己的立场？

> 文中引用外部资料的合理数量是多少？注意关键词"合理数量"。如果你问最少的数量是多少，听起来就像是你想尽量偷懒。
>
> 是否应该使用特定的引用格式？论文应该包含脚注、尾注，还是文内引用和参考文献列表？

28 如何应对令人困惑的任务提示

如果遇到了一个让你感到困惑的任务提示，而且又难以联系到老师，你该怎么办呢？思考下面这个模糊的任务提示（虽然这是我们虚构的，但很遗憾，你在大学期间可能会遇到同样模糊的任务）：

> 写一篇5—10页的论文，讨论福山的历史终结论。可以引用外部资料来捍卫你的立场，但引用必须恰当。写作应具体、简洁。

哎呀！这里的模糊之处太多了。首先困扰你的可能是一些实际的问题：一篇5页的论文真的会和一篇长度翻倍的论文获得一样的学分吗？"讨论"意味着"分析"，还是仅仅意味着"解释"？如果可以引用外部资料，这是否意味着如果不引用，论文就会显得不够好；或者如果引用了，会不会显得没有独立思考？引用多少外部资料合适？"具体"听起来像是论文应该包含很多细节，所以也许10页会更好？但是"简洁"又让人觉得应该直截了当，所以5页可能更合适？

为了解决这些实际问题，我们建议你退一步思考受众、目的和体裁，并问一问这个任务是为了帮助你学习什么。

让我们先从最后一个问题开始。从这个任务可以明确看出，老师认为理解福山的论点对你来说很重要。这可能会让你想把所有精力都投入你确信需要做的事情上（展示对福山文本的理解），而这会使你陷入只总结所读内容的陷阱。然而，下一句话中的一个短语（"捍卫你的立场"）应该会劝阻你这样做。"捍卫你的立场"要求你就某事表明立场，提出并支持一种判断，而要做好这一点首先需要进行分析。由此看来，这项任务的目的可能是帮助你学习：（a）福山的论证是什么；（b）你对他的论证的看法是什么。第二部分我们稍后再谈。

这篇论文属于我们所说的"学徒练习体"。它是为学生设计的练习，而不是在现实世界中发表的作品，而且似乎这篇论文唯一需要设想的读者就是你的老师。尽管如此，我们建议你将老师视为一般意义上的政治学家的代表，因为考虑到更广泛的受众可以帮助你避免一些错误，比如直接面向老师写作，或者复述课堂上说过的东西，仿佛你的论文是私人对话，而不是正式的写作任务。

由于这项任务是一种"学徒练习体"，其目的实际上是向老师展示你已经学会了这个任务期望教会你的内容：福山的论证及你对他的论证的看法。不过，有一点必须明白，"你自己的观点（view）"并不等同于"你的意见（opinion）"。"观点"意味着你需要自己提出论点（argument），并且努力用最有力的推理和证据来支持它。

> "你自己的观点"=你的意见
>
> "你自己的观点"=你自己原创的、用证据支持的论证

"意见"有什么问题？实际上，你可能会遇到要求你就某一问题发表"意见"的写作任务。然而，政治学研究中"意见"这个词的用法与日常口语中不同。在口语中，人们经常用"意见"来表示"偏好"或"我喜欢的主意，尽管我无法给出喜欢它的理由"[例如，"在我看来（in my opinion），蓝色比绿色更漂亮"]。

在政治学论文（或课堂讨论）中，你不能说"那只是我的意见"而不提供支持它的理由和证据。相反，你应该提出一个谨慎的论证。当你说"我认为 X 是正确的"时，想象一下老师接着问："你为什么这么认为？"她并不是怀疑你，只是想知道你持此意见的*理由*。所以，如果你在任务提示中看到"意见"[或"观点"（view）]这个词，你应该在脑海中将其画掉，并替换为"论点"。

任务解读的建议清单

这样做

✓ 确保你理解任务的**受众**、**目的**和**体裁**。

- ✓ 仔细阅读描述任务的词，了解它们的含义，弄清楚它们与看起来类似的词语的不同。
- ✓ 了解"论点"（argument）和"意见"（opinion）之间的区别。
- ✓ 如果任务中有不清楚的地方，询问老师。

别这样做

- ✓ 只是总结阅读材料而不对其进行分析（除非任务明确要求这么做）。
- ✓ 提出"意见"，而不是有充分支持的论点。

第三章

文献综述与研究性论文的写作策略

STRATEGIES FOR LITERATURE REVIEWS AND RESEARCH PAPERS

31　　在第二章，我们帮助你解读了写作任务提示。在本章，我们将为写作过程的后续步骤提供策略。撰写论文——一篇高质量的论文——涉及许多步骤。我们将从参与学术对话开始（下文将详细解释），一直讲到撰写结论为止。在这个过程中，我们将讨论如何撰写有效的引言，以及如何有力地支持你的主张。

　　你要写的绝大多数论文，都要求你完成以下各项任务。不过，如果你写的不是正式的"文献综述"或"研究性论文"，某些任务对你来说可能暂时还不显得太重要。请保持耐心！我们向你保证，这些步骤在大多数情况下都管用。（在第四章和第五章，我们会就与本章描述的模式不符的几类论文提供写作建议。）你可能会发现自己同时在做其中好几项任务，或者需要在过程中不止一次回头重新审视某些步骤。写作是一个递归（即"循环往复"）的过程。完成其中一个步骤所需的工作可能会帮助你发现之前步骤中的疏漏，这是正常的：写作就是这样。在提交论文之前，你需要仔细重读并修改整篇论文，但在写作过程中的许多其他环节也会需要修改。

33　　图 3.1 展示了我们就大多数论文应如何撰写的建议。

　　在开始之前，我们想强调一下政治学写作中常见的两个挑

第三章 文献综述与研究性论文的写作策略

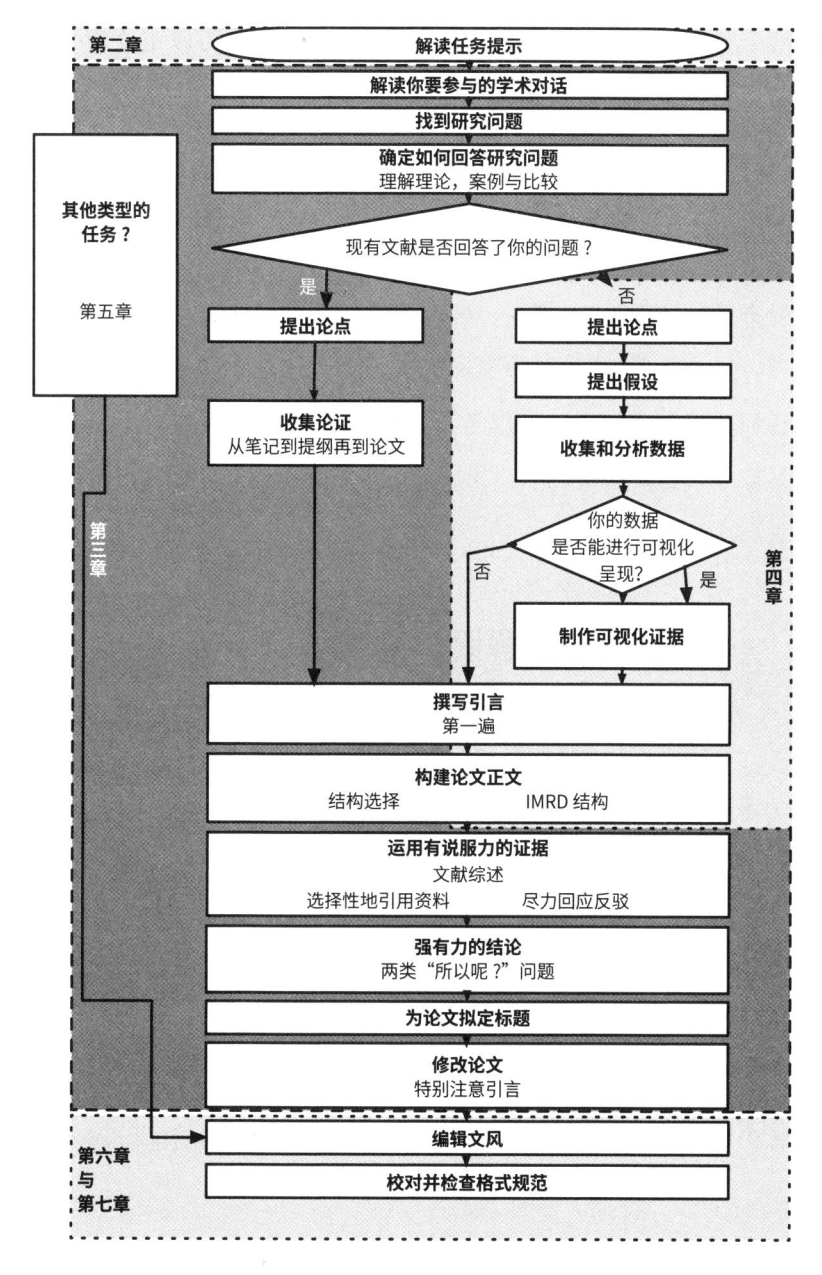

```
第二章 ──────────► 解读任务提示
              │
              ▼
         解读你要参与的学术对话
              │
              ▼
           找到研究问题
              │
              ▼
         确定如何回答研究问题
           理解理论，案例与比较
              │
   其他类型的    ▼
    任务？    现有文献是否回答了你的问题？
   第五章    是 ↙              ↘ 否
         提出论点              提出论点
            │                    │
            ▼                    ▼
         收集论证              提出假设
      从笔记到提纲再到论文         │
            │                    ▼
            │                收集和分析数据
            │                    │
            │                    ▼
            │              你的数据是否能进行
            │               可视化呈现？
            │             否 ↙      ↘ 是
            │              │       制作可视化证据
            │              │          │
            ▼              ▼          ▼
                     撰写引言
                      第一遍
                        │
                        ▼
                    构建论文正文
                 结构选择    IMRD 结构
                        │
                        ▼
                   运用有说服力的证据
                      文献综述
              选择性地引用资料   尽力回应反驳
                        │
                        ▼
                     强有力的结论
                   两类"所以呢？"问题
                        │
                        ▼
                    为论文拟定标题
                        │
                        ▼
                      修改论文
                     特别注意引言
                        │
 第六章                  ▼
  与   ──────────►    编辑文风
 第七章                  │
                        ▼
                  校对并检查格式规范
```

图 3.1 写作过程中的常见步骤（及本书中解释这些步骤的章节）总览

战。首先，由于现实社会的复杂性，没有什么是可以定论的，相互竞争甚至相互冲突的理论很常见。其次，由于主题的政治性，人们会对此抱有强烈甚至是激进的观点。一部分挑战可以通过审慎的措辞来应对，我们会在第六章中进行详细解释。但最重要的解决方法是学会：（1）识别并运用不同的语体和不同层次的分析方法，从而（2）培养一种以尊重的态度与他人观点互动的倾向。这意味着，"像政治学家一样思考"往往看起来像"像没有任何政治倾向的人一样思考"。但这仅仅意味着暂时放下，而不是放弃自己的政治倾向。我们将在本章的不同部分再次讨论这一观点。

解读学术对话

在图 3.2 中，我们想要强调你的作品与他人已有研究成果之间关系的重要性。请注意以下要点：

1. 在大多数课程中，你的"想法"可能只是对于某个任务提示的回应，但在更具挑战性的任务中，你可能需要自己产生想法。任何事物都可能帮助你产生想法，但是……

2. 你实际的论文，也意味着你的规划，必须与现有的政治学学术研究进行对话。

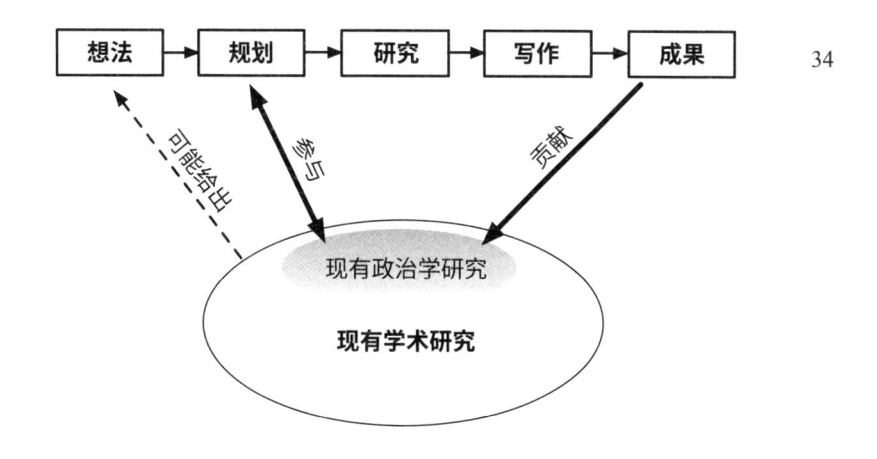

```
[想法] --可能给出--> [规划] --参与--> [研究] --> [写作] --> [成果] --贡献-->
                           ↓                                    ↓
                        现有政治学研究
                        现有学术研究
```

图 3.2 你的写作过程及其与现有学术研究的关系

让我们回到第二章提到的任务提示：

> 写一篇 5—10 页的论文，讨论福山的历史终结论。可以引用外部资料来捍卫你的立场，但引用必须恰当。写作应具体、简洁。

这里提到了你将在许多任务中遇到的一大要素：外部资料。应该使用哪些类型的资料，应该如何使用它们呢？从我们的角度来看，你能做的最有价值的事，就是借助这些资料，与福山及一两位持续深入地回应了福山的学者展开"学术对话"。最不可取的是，单单为了证明福山的观点对或错而去挖掘事实。好吧，实际上，这还不是最糟糕的。最糟糕的是，由于不知道该说什么而在论文中大量总结其他资料的内容来凑字数。

那么，回到最应该做的事情上。我们所说的"学术对话"究竟是什么意思呢？理想的学术对话，是能够与那些对所讨论问题有深入思考的人交流想法。最真实的学术对话发生在那些就某个问题有广泛阅读和长期思考的专家之间，他们的思考往往以年（而不是一个学期）计算。然而，这类对话的关键在于每位参与者都贡献了新的见解，无论这些见解多么微小。在撰写课程论文时，你的阅读不需要详尽到能确保自己的见解达到真正新颖的程度，但你要能确保这些见解出自你的独立思考。因此，面对这样的任务，我们首先要确保自己理解了福山的论证，弄清楚它的亮点及优缺点。接着，我们要寻找其他学者回应福山观点的文章，理解其中的亮点及其原因，并确保把握它们的优缺点。（参见第七章关于一手和二手资料的信息，以及选择相关文章的建议。）至此，我们便准备好加入学术对话了。

> 学术对话＝深入思考某一问题的人们之间的思想交流

在撰写一篇不超过 2500 个词的文章时，除福山和你自己的论点以外，你很可能只有时间深入研究一两位其他作者的论点（表3.1）。你可能需要阅读多篇论文，才能决定哪些值得论述，但你不应因此而认为你读过的所有文章都需要在论文中提及。要注重质量，而不是数量。如果你引用了许多文献，却没有对这些文献提出任何有趣的评价，老师不会对你印象深刻，反而可能认为这是你绝望的表现。

如何判断阅读量已经足够

在明确了所需资料的类型和可能找到它们的地方后,你还得确定需要阅读的文献数量。这很大程度上取决于你的任务类型以及可用时间。有时候,你会得到明确的指示("至少两个但不超过五个外部资料")。当没有这类指示时,你就必须自己判断。在第二章中,我们的建议是,并非读得越多越好,所谓"自己判断",并不意味着"在可用时间内尽可能多地阅读和引用资料"。相反,你应该为了建立自己作为学术对话参与者的可信度而尽可能多地阅读资料。

在某些情况下,例如撰写学期研究性论文或毕业论文时,你需要阅读大量资料。但你很可能仍然没有时间阅读所有的相关资料。在这种情况下,你可以从几个重要的资料入手,看看这些作者都引用了哪些资料。他们认为需要回应哪些学者?那么这些资料你多半也需要读。尽管仍然会有大量需要阅读的资料,但当你发现自己不再遇到与主题相关的新观点时,你就应该停下。你的目标是理解对话的范围,而不是与聚会上的每个人交谈。

处理较短的写作任务时,上述原则也同样适用,只是你不需要做得那么详尽。首先,你需要确定所讨论主题的主要立场——尽量将范围缩小到两三个最重要的立场;然后,阅读每个立场的一篇代表性文献。深入理解和回应每个立场,远比引用大量文献重要。

提高这种阅读方法效率的手段之一是,从相对较新的研究开始。所谓"较新",是指在过去五到十年内发表的作品。这些作品中不可能所有内容都已经成为你要研究的领域中最重要的学术成果，但好处是它们会指向最重要的学术成果。从他们的引用开始回溯，你很快就能分辨出谁是对话中最重要的贡献者：不是根据这些贡献者自己说了多少，而是根据其他人讨论他们的频率来判断。

表 3.1　你应该使用多少资料？

2500 个词的论文	总共三四篇（你、福山和一两位其他作者）
5000 个词的论文	总共五六篇（你、福山和三四位其他作者）
10000 个词以上的论文	文献数量更加灵活，你可能会使用数十篇资料。然而即使如此，真正重要的论证（或论证类型）可能也只有三四种；应该为这些论证分配最多的篇幅。

正如我们上面提到的，"像政治学家一样思考"通常要求在撰写论文时抛开自己的政治观点。对于我们一直在讨论的这个论文主题，我们很可能会认为福山要么是完全正确的，要么是完全错误的，要么赞美自由民主和自由市场资本主义的优点，要么哀叹它们的缺点并呼吁它们尽快消亡。在与朋友闲聊时采取这种方法无可厚非，但在参与学术对话时就不能这样（这就是我们前面所说的语体）。我们在前面指出过，在这样一篇论文中，你的任务就是提出一个新观点，无论这个观点有多小。认为福山完全正确或完全错误，或者资本主义完全好或完全坏，并没有什么新意，从老师的角度来看也没有任何有趣的内容。提出一个新观点听起来像是一个挑战，事实也确实如此，但理想情况下，它会带来回报。在本章的其余部分，我们将提供一些策略来帮助你应对这种挑战，并希望你能从中学到很多东西。

找到研究问题

大多数政治学写作任务并不涉及我们所定义的那种研究：回答一个尚无人知晓答案的问题。然而，即使是撰写一篇类似我们一直在讨论的关于福山的论文，也需要你提出某种研究问题。它可能是这样的："作者 X 和作者 Y 的观点如何为福山的历史终结论提供新的洞见？"这可能是你开始时的研究问题，但你或许不会在论文中直接提出这个问题。相反，你将以论点陈述的形式说明你的答案。关于这一点，我们将在引言写作部分详细讨论。

现在想象一下，你被要求提出自己的研究性论文主题。一位好老师不会过早将你推入学术深渊，但最终你依然必须有自己的研究。例如，在二十世纪政治思想课程的期末论文任务中，米卡列出了一系列课程关注过的主题和话题领域，如压迫的种类、权力的概念、政治行动和政治伦理，然后请学生利用课程阅读材料，围绕其中一个主题撰写论文。

这个过程的第一步是提出一个研究问题。提出合适的问题是学者最重要的技能之一。我们大多数人都有感兴趣的主题领域，例如不平等政治或作为政治工具的社交媒体，但我们面临的挑战在于如何将这种兴趣转化为明确的（a）有趣、有争议，而且（b）你可以回答的问题。

> 好的研究问题需要有趣、有争议且可以回答。

你的研究问题是否满足条件（a），可以通过"所以呢（So

what）？"这个问题来检验。学会问自己这个问题，因为可以肯定，无论你的读者是你的老师、同行，还是其他更广泛的受众，他们都会问："所以呢？我凭什么应该关心你在做什么？"不过，回答"所以呢？"这个问题很棘手。政治学初学者最常犯的错误就是野心太大，这可能会使满足条件（b）变得困难。任何人都希望找到民主的理想形式，解决中东冲突，并找到"发展是否带来民主"（还是反之）的最终答案。如果你能回答这些问题，那么"所以呢？"就很容易回答了。你可能会十分兴奋地指出这些问题真的、真的很重要。但很多人已经尝试回答这些问题，而决定性的成功案例却很有限。你在几周、一个学期甚至几个学期内成功回答这些问题的机会都很渺茫。实际上，即使是专业政治学家的贡献也往往相当有限。这很正常，因为一般来讲，这是学术探究的本质。一开始雄心勃勃是可以的，但你很快就需要缩小思考的范围。

此外，几乎所有政治学文献都对学术对话中的其他政治学文献有直接贡献，但对于解决现实世界中的问题只能提供间接帮助。这并不是说我们不关心现实世界的问题，而是因为其他人已经在谈论这些问题了。因此，有趣的研究问题必须明显地融入正在进行的学术对话。你无法自己回答"是什么导致了种族冲突的发生？"这样的问题，但你也许可以回答："瓦什尼（Varshney）的种族冲突理论是否适用于印度教教徒-穆斯林之外的背景？"

> 好的研究问题应该融入正在进行的学术对话。

因此，当你理解了什么是有趣的研究问题时，你也已经在某种程度上弄清楚了它是不是你可以回答的问题。当然，有时你会得出结论，你无法回答：你没有必要的技能（方法论、语言学知识）或资源（时间、工具、研究助手、资金）。

这也很正常。我们都有局限性，了解这些局限性是有帮助的。有时你会遇到一些有趣的任务：老师规定你没有任何限制，只是要求你提出在一个假想的世界里你可能进行的研究。在这个世界里，时间、金钱和技能应有尽有。这样的任务反映了提出一个好的问题并设计研究来回答它的重要性（以及难度）。

确定如何回答研究问题：理解理论、案例与比较

在提出研究问题之后，下一步是理解理论、案例与证据之间的关系。

表 3.2　政治学中容易被混淆的"理论"的两重含义

在政治理论子学科中	在其他子学科中
● 规范性理论：事物应该如何 ● 概念之间的关系：我们的概念意味着什么	● 因果机制：事情如何发生

政治学中的理论种类繁多，而且令人困惑的是，政治理论这一子学科对"理论"的理解与那些名称中没有"理论"一词的子

学科不同（表 3.2）。在政治理论中，"理论"通常指的是规范性理论，即描述某事物应该如何。因此，社会契约论（你会在托马斯·霍布斯、约翰·洛克或让-雅克·卢梭的著作中读到这一理论）认为，解决人类面临的社会合作问题的方法应该被理解为契约，并像契约一样安排：将人们视为平等的契约方，在一件事上达成共识。并非所有政治理论著作都在告诉读者世界应该如何，但它们几乎总是涉及理论关系，而非经验关系：例如，不是探讨什么策略能让某人当选，而是探讨某人"代表"选民意味着什么。

相比之下，政治学多数其他领域使用的理论，通常是指某事如何发生，或者用更高深的术语来说，是指应该用什么样的因果机制来解释观察到的经验规律（如"在位者优势"，或"民主国家间不会发生战争"）。这些理论是这样的："在位者获胜是因为他们的职位使他们能够获得更多的金钱支持，而金钱可以为他们赢得选举"，以及"民主国家之所以不会交战，是因为它们需要战争的潜在参与者同意战争，这样的政权不会发动侵略战争"。这些理论可能是真的，也可能不是；它们似乎与事实相符，这是一个好迹象，但并不意味着它们就得到了证实。你将在课程中了解其中的原因。在这里，我们只希望你明白，理论与事实和数据是不同的。

理解理论的基本要素（理论所涉及的因素）及其适用范围（它适用于哪些事物）是政治学家的一项基本技能。例如，我们不能将关于选民行为的理论应用于大革命前的法国，因为那时的法国并没有选民；我们也不应轻率地将关于国家间冲突的理论应用于民间组织，因为军队通常是国家机构。这并不意味着不能将理论应用于新的情境。事实上，学者的原创性贡献往往是将解释性理论应用于新的环境（正如我们在第一章中提出的那样）。但你必须显示这种应用是有效的。你需要这样论证："我们之前没有把吉姆·克劳法时期的美国南部视为一党制威权政体，但事实上应用一党制威权主义理论可以帮助我们理解其政治发展，我将在本文中显示这一点。"[1]

将理论与案例联系起来

如果你跟大多数初涉学术的新手一样，你可能不会从解释性理论开始，而是会就某些相对明确的事物来构建问题。而你所面临的挑战，或者说你可能认为自己所面临的挑战，是没有现成理论讨论你关注的特定案例。你可能会说："我对苏丹的人口贩卖问题感兴趣，但学术界还没有相关研究"，或者"我想了解Facebook如何影响政治参与，但目前还没有人写过这方面的书籍"。不要绝望！你可以找到关于人口贩卖、非洲和失败国家等主题的学术研究，即使这些作品都不是专门针对苏丹的。（不过，仅仅在谷歌上搜索"人口贩卖"和"理论"是找不到这些研究的。）同样地，你也会发现关于政治参与、媒体和网络的研究数不胜数。你需要做的是将这些理论与你的特定领域联系起来，这将是你的贡献；你的老师感兴趣的是你如何解释案例与理论之间相关特征的对应关系。

假设你正在撰写一篇关于Facebook如何影响政治参与的荣誉论文。（如果你真的在写这个，应该明白很多其他本科生也在做类似的研究，对此你不应该感到惊讶。）你已经找到了大量关于政治传播的政治学文献。你现在应该问自己，Facebook 与文献中主要讨论的媒体（报纸、广播、电视）有哪些异同？当然，这个问题没有唯一的正确答案；你的贡献及老师对你学习成果的检验在于，你为回答这些问题而收集整理的推理和证据。同样，当你试图得出更广泛、可能具有普适性的结论时（也许是关于你没有着重关注的其他社交媒体），你需要以一种新的方式提出你的问题：这个案例（作为社交媒介的 Facebook）与其他社交媒体（如 Twitter、Pinterest、LinkedIn 等）有什么异同？也许你会意识到，Facebook 的私密性和限制性使其与 Twitter 截然不同，又或许最后你发现这一因素并不相关。

因此，每当你将一般理论与具体案例来回对照时，请参考下列问题（图 3.3）。（在这个案例中，你试图判断某个政治传播理论是否适用于 Facebook。）

由于否定性步骤很重要，我们将其作为独立的问题列出；这些步骤并非可选的、次要的题外话，而是构建学术论证的关键。这是因为，忽视这些步骤与最恶劣的应受惩处的学术不端行为之一——选择性偏差——密切相关。我们将在下文谈及论文正文写作时再次回到这个话题。

这些建议在回应福山的论文中如何应用呢？你可以反其道而行之。由于福山提出的是关于宏大理念与历史发展之间关系的一般理论，你或许可以问：是否存在不符合这一理论的特定案例，例如某些国家或历史事件？找到这样的案例并不意味着福山是错误的，思考这个案例为什么是个合理的例外或是对福山理论的关键反驳，才是在操练你的老师所关心的技能。

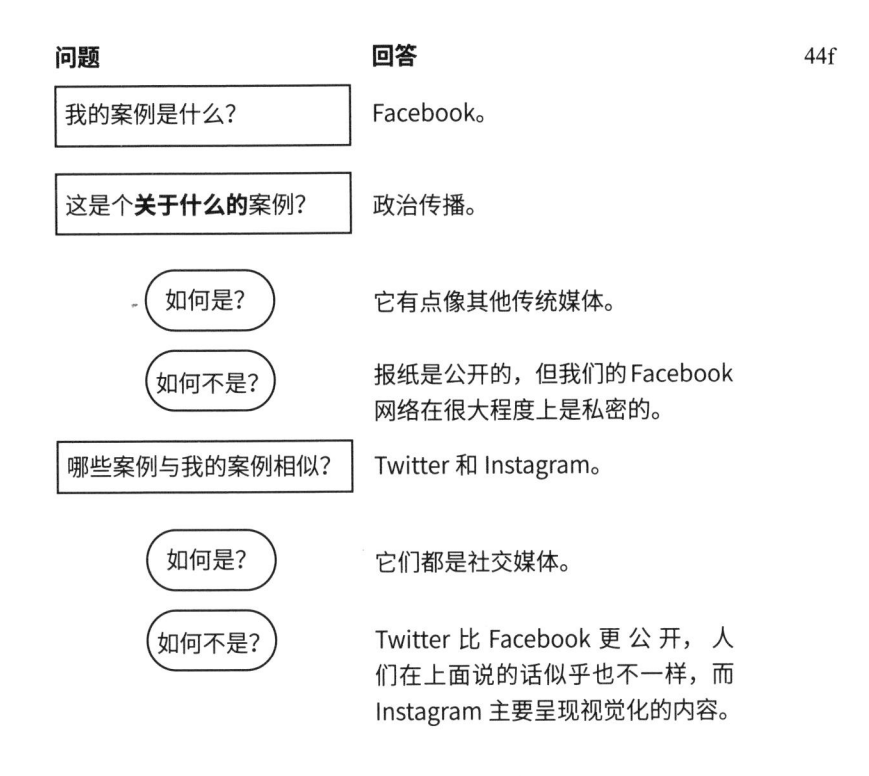

问题	回答
我的案例是什么？	Facebook。
这是个**关于什么的**案例？	政治传播。
如何是？	它有点像其他传统媒体。
如何不是？	报纸是公开的，但我们的Facebook网络在很大程度上是私密的。
哪些案例与我的案例相似？	Twitter 和 Instagram。
如何是？	它们都是社交媒体。
如何不是？	Twitter 比 Facebook 更公开，人们在上面说的话似乎也不一样，而 Instagram 主要呈现视觉化的内容。

图 3.3　你的案例与一般理论关系的相关问题

构建论证：从笔记和数据到提纲，再到论文

无论大小，几乎每项研究都需要规划。因此，我们建议你花些时间规划自己想在写作任务中表达的内容，无论你的任务是250个词的读后感、学期论文，还是毕业论文。在下一章中，我们将讨论如何利用你自己收集的数据来撰写论文，这种写作在某种意义上更容易规划。幸运的是，在撰写不需要收集数据的论文

时，你可以将研究规划当作写作的一部分。事实上，你也可以将研究作为写作的一部分。

1. 从目标开始制订提纲。

在第二章中，我们讨论了如何解读任务。完成这一步后，请将论文的目标作为必须包含的要素写下来，即便你还不知道这些内容在文中的具体位置也没关系。人们开始写提纲时，通常会按非常笼统的"引言""正文"和"结论"几个部分来罗列，特别是当他们必须学习如何写五段式论文时。我们不建议你这样开始写提纲。文章一定会有引言和结论，还会有正文，但你不知道的恰恰是正文的结构。在确定正文结构之前，你实际上无法确定自己的引言或结论会写什么。相反，如果你把重点放在目标上，比如第二章中假设的福山案例，你可能会列出"解释福山的理论"和"解释我认为的福山理论的优缺点"等目标。如果你像我们建议的那样列提纲，可以把你的目标作为提纲条目的标题：

- 解释福山的理论
- 解释福山理论的优缺点
  - 优点
  - 缺点

提纲、思维导图、流程图……如何规划？

无论是学生还是专业人士，写作者都有各自不同的写作过程规划。有些作者会制订非常详细的提纲,有些则喜欢松散而简洁的提纲。有些作者使用概念图或"思维导图",有些则偏爱流程图。你应该选择适合自己的方法,但提纲为什么在政治学写作中如此有效?以下是我们给出的理由:

- 政治学写作需要结构清晰、切中要害。观点之间的关系通常是层级性的;作者通过举例来阐明更普遍的理论或现象:"这位理论家是社群主义的代表""这个政权是威权主义的例子"。文本提纲可以帮助你保持这类层级关系的清晰。
- 正如我们这里讨论的写作过程所示,使用提纲可以让你的**规划**与实际写作完美融合:想法的标题可以变成文章的小标题和其他路标语。(我们将在第六章讨论路标语的重要性。)

2. 写下你的初步想法或直觉(如果有的话)。

你可能已经有了一些想要论证的想法,也可能有了一些不同且随意的思考。不用担心它们是随意的,也不要担心它们之间是否有联系或如何联系。你只需要将它们一一写下来,并且为每个想法设置一个标题:

- 解释福山的理论
- 解释福山理论的优缺点
  - 优点
  - 缺点

- 作为黑格尔辩证法的冷战
  - 我觉得需要核实一下，但依稀记得哲学课中提到，黑格尔认为历史是辩证的。也许我会论证道：冷战是二战的一种反题。（比如，我们在二战中是苏联的盟友，后来我们又与他们对抗。）

3. 规划后续步骤。

你已经阅读了哪些相关内容？如果这是一门课程中的小任务，你可能会在课程大纲和课堂笔记中找到所有内容。如果你记的是电子版笔记，请将其粘贴到这份新文档中，同样为每个部分起个恰当的标题。要起有意义的描述性标题，例如不要使用"10月14日的课程"，而应使用"冷战的结束是历史的终结"这样的标题。在这个（现在看起来还很杂乱的）提纲草稿中，写下一个"待办事项"清单。

4. 弄清楚哪些内容不需要写。

政治学中有一点很重要，那就是：尽管老师可能经常谈到希望你关注议题的历史或社会背景，但他们通常不希望你在论文中过多描述这些内容。例如，你可能会很想描述冷战结束前后的事件，或提供基本的事实信息（"1989年11月柏林墙倒塌时……"）。这类信息在历史学论文中可能很重要，但在政治学论文中绝不需要。政治学家常说："不要告诉我发生了什么！要解释它为什么重要！"

> **如何使用课堂笔记？**
>
> 教师们对于是否应该将课堂笔记融入论文，以及如何融入的态度各不相同。显然，你的论文应该反映你从课程中学到的内容。但你是否应该引用课堂笔记？你能够引用它们吗？与第七章讨论的对书面资料的期望不同，教师们对此的看法各不相同。我们建议你去询问老师，而不要自行揣测。不过，有两条基本准则仍然值得牢记：首先，无论何时，只要想法不是你自己的或不是常识，就必须标明作者；其次，如果老师说"福山认为……"，而你已经读过福山的作品，那么你就有责任找到这句话的出处并引用原话。

5. 将阅读的新资料和产生的新想法添加到提纲草稿中，并进行整理。

研究战争的同行提醒我们一个所有将军都知道的事实：没有任何作战计划在与敌人遭遇后还有效。写作也是如此，在用清晰的文字表达之前，论证是不存在的。然而，我们规划写作过程的好处在于它是"有机"的：它是随着你的阅读、思考和学习而逐渐形成的。事实上，有研究在比较了相对成功和不太成功的作者后发现，更成功的作者往往会在写作过程中重新思考他们的论证，回到之前的想法，并对其进行完善（不太成功的作者则会固执地坚持他们最初的规划）。[2] 很快，你就会发现其中的联系，因此你可能会开始把读过的东西按照自己的想法归类，放在不同的标题下：你关于冷战结束的笔记和福山作品的引文，或许可以归类到"作为黑格尔辩证法的冷战"这一想法下。

6. 迟早（通常会更早！），你会发现自己不仅有了随意的笔记和提纲，而且还有了一篇结构渐渐清晰且部分完成的论文。

由于你是按照小标题来归类的，这些小标题代表各个关键部分，因此当有些想表达的内容并不像你原先设想的那样合适时，你也很容易对其进行修改。你还可能删掉很多你最初写在这里的内容：并非所有的课堂笔记都与文章相关，阅读笔记或对福山的引述也是如此。你最终也可能会觉得在哲学课上阅读的黑格尔与话题无关，于是也放弃了这个角度。这都没关系。无论将这个过程比喻为雕刻还是建造，重要的是认识到，好的雕像是在去除材料的过程中出现的，而脚手架则会掩盖建筑的美。使用这样看似混乱的写作过程，实际上比那种"我必须读三个星期的书，然后认真思考，接着形成想法，最后写下来"的方式更有效率。因为后者往往导致你在论文截止的前一天深夜才匆忙进行"写"的环节，反而使文章的质量很差。

撰写有效的引言：第一遍

撰写有效的引言是很有挑战性的；事实上，引言可能是论文中最难写的部分，因为它需要在很短的篇幅内实现许多目标，我们稍后会解释。因此，建议你计划写两遍引言。写第一遍时，你会根据自己认为将在论文中表达的内容来撰写；然而，文章实际表达的内容很可能会与预期有些出入，因为写作本身就会引导你不断完善自己的观点。正如本章开头提到的，写作是一个递归的过程；一旦明确了论文中真正要表达的内容，就需要重新审视引言，以确保它能为读者做好铺垫。

我们认为引言的作用在于"设定赌注"，这意味着你不仅需要解释你的论文将回答什么问题以及如何回答，还需要解释为什么这个问题很重要，以及对于谁很重要。这听起来可能很简单，但在学术对话中往往很难做到既不夸大也不低估自己的贡献。有时，你也很难判断读者具备多少知识。

好的引言（图 3.4）必须勾勒出以下内容：

1. 关于你打算回答的问题，目前有哪些已知信息
2. 谁对目前的知识领域做出了主要贡献
3. 为什么需要进一步了解这个问题（或以不同的方式看待这个问题）
4. 作为作者，你能否做出可信的贡献 ⎫
5. 你的论点：你将在整篇论文中支持的主要主张 ⎬ 最重要！

你不应该在引言中直接断言第 4 点；相反，你需要说明自己打算如何实现这些贡献。如果缺少了前三点中的任何一个，那么无论你打算采取什么方法，可信度问题的答案都将是否定的。如果人们感觉无法信任你，他们就不太可能继续阅读。（老师会继续读下去，因为他们必须这样做，但他们会带着怀疑的眼光阅读，而这是你不愿意看到的。）

52

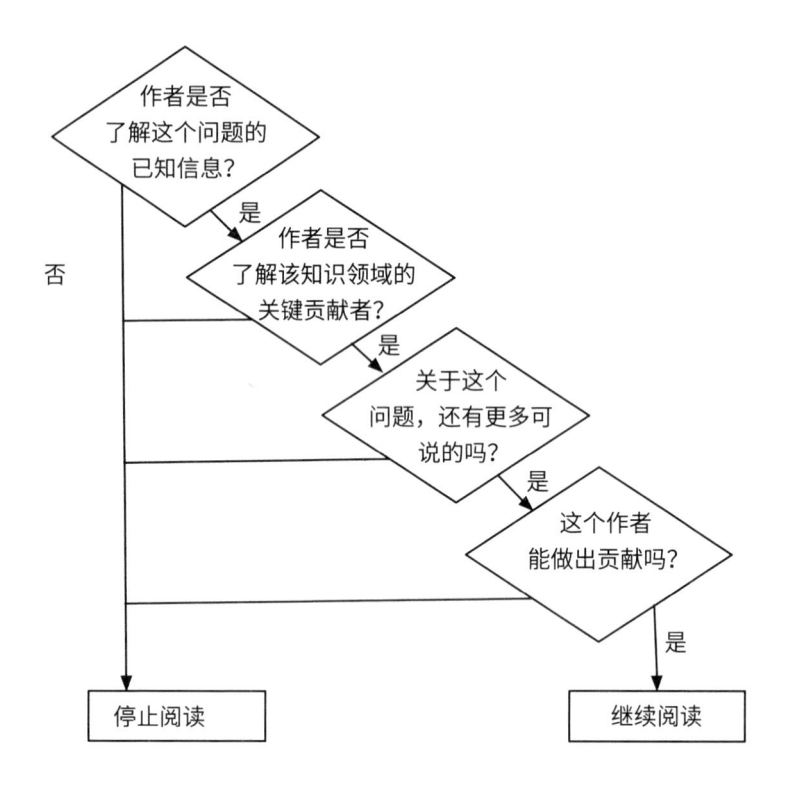

```
        ┌─────────────┐
        │ 作者是否     │
        │ 了解这个问题的│
        │ 已知信息?   │
        └─────────────┘
             │ 是
             ▼
        ┌─────────────┐
   否   │ 作者是否     │
        │ 了解该知识领域的│
        │ 关键贡献者?  │
        └─────────────┘
             │ 是
             ▼
        ┌─────────────┐
        │ 关于这个     │
        │ 问题,还有更多可│
        │ 说的吗?     │
        └─────────────┘
             │ 是
             ▼
        ┌─────────────┐
        │ 这个作者     │
        │ 能做出贡献吗? │
        └─────────────┘
             │ 是
             ▼
┌────────┐           ┌────────┐
│ 停止阅读 │           │ 继续阅读 │
└────────┘           └────────┘
```

图 3.4 引言中吸引读者的关键要素

思考一下政治学家大卫·斯塔萨维奇（David Stasavage）如何在这段摘录中展示他对关键贡献者的了解，以及他做出贡献的能力：

> 最近，**保罗·罗默**（Paul Romer）……**提出**，欧洲在自治城市方面的经验可以而且应该被当今的发展中国家效仿。但是，尽管有理由相信城市自治有利于欧洲的经

> 关键贡献者

济发展，却也存在**相反的观点**。这种观点认为，控制自治城市管理机构的商人行会（在某些情况下还有手工业行会）为自己确立了坚实的财产权，但同时也为进入行业设置了壁垒，扼杀了创新和贸易。在本文中，**我提供了调和这些不同观点的证据和解释。我首先说明了为什么一个城市的政治自治最初可能有利于经济增长，但最终却导致经济停滞**。然后，我用经济计量学的方法证明，在自治大约一个世纪后，一个自治城市的经济增长速度会慢于一个受封建主统治的城市。³ | 另一种关键视角

他将做出的贡献
论点

由于政治学向来喜欢开门见山，论文的前三句话可以直接说明问题的意义、关于问题的已知信息，以及你将如何为这一知识领域做出贡献，这样总不会出错。你不一定非要这样做，但如果接受这个开门见山的建议，你就能写得很好。下面是一篇高效的学生论文引言的开头：

自冷战结束以来，什么力量能够巩固民主政权一直是个紧迫的**政治问题**。**政治学界的争论**主要围绕是政治因素还是经济因素起主导作用。然而，这种分析框架忽视了<u>文化在某些情况下的重要调解作用</u>。 | 现实意义

学科内对话

我的贡献

请注意，这些句子很好地抓住了政治学中几乎总是面临的"所以呢？"问题的两层含义。第一句指出了这个问题在政治上的重要性，接下来的两句则指出了学科内对这个问题的探究。而至关重要的是，作者的贡献在于第二个方面，他/她指出：我并不是在解决民主巩固这一政治问题，而是在为政治学家们关于这一问题的对话做出贡献。

好吧，现在我们假设，你对你的前三句话还算满意。那整个引言就是这样了吗？不是。那么接下来要做什么呢？理想的情况下，你应该提供一些信息，说明你将采取什么方法来做出贡献，以及你的论点是什么。因此，在我们假设的引言中，下一句话可能是：

> 比较两个案例——文化差异导致这两个政治经济状况相似的国家建立起了截然不同的政权——有助于阐明当前争论是如何被过度简化了。这也表明，**为了更好地理解是什么促进、又是什么阻碍了民主的巩固，文化因素也必须被考虑在内。**

我的方法、贡献和论点陈述

如你所见，这篇引言并未承诺解决长期存在的争论，也没有为有关民主的争论提供重要的答案。它所做的承诺只是提出一个新问题，以补充那些已经存在的问题，并论证提出这个问题能够产生更优秀的学术研究。（在第六章中，我们就写作风格和如何就你的研究成果做出可靠的阐述提供了建议。）如果你很好地完成了上述工作，引起了人们对这一问题的关注，这将是对学术对话的重要贡献。

你可能会觉得，我们起草的引言太短了。我们确实认同，篇幅适度很重要。一篇3页的论文可能适合用一段话作为引言，但如果撰写一篇60页的论文，引言可能需要5页，甚至更多。即便对于3页的论文，一段式引言仍缺少关键细节。请记住，政治学者是直截了当地与其他学者交流的：谁对目前的知识领域做出了主要贡献？这篇论文将讨论哪两个案例？

政治学写作的引言经常将研究问题表述为实际的疑问句。例如，一篇关于比例代表制的比较研究文章是这样开头的："与多数制相比，比例代表制是一种更可取的选举规则吗？"[4] 事实上，政治学论文经常将问题融入标题中（比如，"描述性代表制能否改变人们对受污名化的群体的看法？来自印度农村的证据"）。[5] 在我们当前的例子中，这个问题可能是："文化在多大程度上、以何种方式影响民主政权巩固的成败？"当然，将问题表述为疑问句并非强制要求，但这样做的好处是不会让人对你的问题到底是什么产生疑问。因此，你要确保自己能够掌握这种写作方式，即便有时候你选择不用这种写法。如果你做不到，你在文中提供的就是一个"话题"而不是"问题"，这时就需要回顾本章前面的"找到研究问题"部分了。因此，更好的一段式引言应该是这样的：

文化在多大程度上、以何种方式影响民主政权巩固的成败？自冷战结束以来，	研究问题

什么力量能够巩固民主政权一直是个紧迫的政治问题。政治学界的争论主要围绕是政治因素还是经济因素起主导作用，有的学者主张前者，有的则主张后者。然而，这种分析框架忽视了文化在某些情况下的重要调解作用。比较民主国家 A 与威权国家 B 这两个案例——文化差异导致这两个政治经济状况相似的国家建立起了截然不同的政权——有助于阐明当前争论是如何被过度简化了。

> 我对学术对话的具体贡献

更长的引言可能会分别用一整段（或更多）的篇幅来介绍我们在本章前面列出的前四个要素，但论点陈述通常不应超过一两句话。

相比之下，对于小任务，尤其是我们称之为"学徒练习体"的论文，你可能需要把你所说的"已知信息"和"对话的主要贡献者"压缩成"基于这门课，我对这个问题了解多少，我能够撰写哪些贡献者的相关内容？"这样的内容。以下是我们撰写的一篇 5—10 页的关于福山的论文的简洁引言：

在《历史的终结》一书中，弗朗西斯·福山认为冷战的结束象征着自由市场理念的胜利，这一观点与 19 世纪 G. W. F. 黑格尔的观点相呼应。即便是那些在这些

> 已知情况／相关贡献

结果是否值得向往这一问题上与福山意见相左的学者，如拉塞尔·雅各比，也在一定程度上认同这些假设。然而，塞缪尔·亨廷顿的"文明冲突"论对这一历史解释提出了重大挑战。理解如何看待冷战结束的遗产，是当代政治学的一个关键问题，而<u>将亨廷顿所关注的文化因素纳入考量则有助于我们做到这一点</u>。沿着亨廷顿的思路，**我认为，在评估历史事件时，必须将宗教及更广义的政治文化，与政治经济和意识形态结合起来。**

为什么需要换个角度看问题

我会如何做出贡献

我的论点陈述

论文正文：结构选择

你现在可能会问："我怎么知道写这篇论文用什么样的结构合适？"这是一个好问题。这里有一个练习，你随时都可以做，不仅仅是在写论文的时候。

选择一篇发表在与你所学课程相关的学术期刊上的政治学文章。它可能发表在《美国政治学评论》(*American Political Science Review*, APSR)、《政治学杂志》(*Journal of Politics*, JOP)、《世界政治》(*World Politics*)、《比较政治研究》(*Comparative Political Studies*, CPS)、《政治理论》(*Political Theory*)之类的期刊上。期刊文章通常为8000—12000个词，篇幅比你在常规课程中撰写的论文长得多，但它们和课程论文在结构上往往比书籍节选或整本书更相似。

尝试通过提出以下问题，来对这篇文章进行"逆向工程"（reverse engineering）：

> 1. 作者的问题是什么？
>   a. 问题是在哪里提出的？
> 2. 为什么这个问题重要？
>   a. 问题的重要性是在哪里讨论的？
> 3. 作者对其问题的答案是什么？
>   a. 答案是在哪里陈述的？
> 4. 作者使用了什么方法让读者相信本文提供的答案是令人信服的？
>   a. 是否有关于研究途径或方法的讨论？
>   b. 如果有，在哪里？
>   c. 如果没有，为什么？
>   d. 作者使用了什么类型的证据来支持论证？文本证据，经验证据，还是形式证据？（这里的"形式"指的是数学模型。）

回答完这些问题后，你会很清楚该如何组织这一学术领域的学术论文结构。如果这篇论文与你所理解的任务要求非常不同，而且你确信自己正确理解了任务要求，那么你就是在撰写学徒练习体的论文（正如我们在福山的例子中表明的那样）。

在这种情况下，我们假设你必须在论文中比较与对比两个及以上的论证。进行比较的主要结构有两种：一种是先写下你想讨论的有关案例 A（或作者 A 等）的所有内容，然后再依次写关于案例 B 和案例 C 的内容；另一种是在整篇论文中逐点进行比较。有些作者觉得先完整处理一个案例再继续讨论下一个更容易，而有些作者觉得根据讨论的问题或主张来组织论文更容易。上述两种方法都可以，但如果你选择完整案例的写法，你需要在写案例 B 时提醒读者你说过的关于案例 A 的内容，这样他们才能理解你所做的比较。例如，在关于福山的论文中，如果先讨论完关于福山的所有内容，然后才是关于亨廷顿的所有内容（一旦你决定不使用黑格尔的论点，你就会意识到亨廷顿才是你真正想谈论的作者），那么除非在写作中建立清晰的联系（例如，"与福山的立场相反，亨廷顿认为反西方文化力量的崛起将削弱自由市场自由主义的胜利"），否则读者可能会迷失方向。

表 3.3 "比较与对比"论文的可能结构

按照案例组织的方式	按照要点组织的方式
案例 A（福山）	**要点 A**
1. 要点 1	1. 福山
2. 要点 2	2. 亨廷顿
3. 要点 3	3. 你
案例 B（亨廷顿）	**要点 B**
1. 要点 1	1. 福山
2. 要点 2	2. 亨廷顿
3. 要点 3	3. 你
案例 C（你）	**要点 C**
1. 要点 1	1. 福山
2. 要点 2	2. 亨廷顿
3. 要点 3	3. 你

从表3.3可以看出，无论你采用哪种方法来构建比较，充分表达自己的观点都很重要，要为自己的观点留出与学术对话中的其他参与者相等（甚至更多）的篇幅。

给自己的想法留出足够篇幅，其重要性再怎么强调都不为过。无论是在"比较与对比"任务中，还是在下文将讨论的文献综述中，我们都经常看到学生自己的观点在涉及多种资料的任务中消失，这真叫人遗憾。我们猜测之所以会发生这种情况，是因为学生对自己的能力缺乏信心，担心自己无法进行综合和分类，也无法设定自己的议题，或者仅仅是他们之前根本没有被要求这样做过。

文献综述：与资料对话和作者消失问题

> 文献综述在专业政治学的书籍和文章中都有出现。它们也会成为学生研究性论文的章节，有时本身就是一篇完整作业。

当文献综述作为本章及第四章讨论的研究性论文的一部分时，其作用是为你的研究提供学术背景，部分回答我们之前提到的"所以呢？"问题，从而为你的贡献奠定基础。当文献综述作为一篇独立的论文时，它为你提供了深入了解特定领域既有研究的机会，并帮助你学会如何准确指出和解释他人观点的关键异同。（关于如何引用、总结、转述和直接引用他人作品的建议，请参阅第七章。）

我们在上一节中描述的用以构建论文正文的"比较与对比"方法，是写好文献综述需要掌握的：文献综述会在书籍和文章之间，或者一组书籍和文章之间进行比较。它们会"回顾"（总结和批评）你的主题或研究问题下迄今为止产生的相关文献（整体研究成果）。需要注意的是，**在较长的写作任务中，文献综述通常出现在论文正文的前面部分**——例如，在毕业论文中，作为引言之后的第一节或第一章。**但是，**在第四章讨论的研究计划书或 IMRD 论文中，**文献综述也可以作为引言的一部分。**

让我们以本书中一直使用的"对话"隐喻为例。通常情况下，与你当前研究问题相关的对话可能不止一种。因此，当撰写文献综述时，你的工作是让读者了解最重要的对话，并解释其主要贡献者和特点。例如，一篇以福山为主题的文献综述可能包括历史理论、对冷战结束的解释和民主化理论等部分。下面，我们提供了一些关于如何聚焦和组织文献综述的建议。

虽然我们认为"学术对话"是一个有用的隐喻，但如果你不了解自己参与其中时应扮演的角色，也可能导致作者消失的问题。文献综述不应该是你与不同作者进行的一系列对话的报告，而应该是你主持的会议，你邀请了其他专家参会，他们扮演的角色是你分配给他们的。

对比表 3.4 中的两个示例。

表 3.4 对比两个文献综述（稍稍把对话隐喻极端化了）

令人困惑的观点罗列	明确的议程
"首先我和霍布斯进行了交谈。他说了许多事情；以下是他的观点……然后我又与洛克进行了对话。他提出了以下几点看法……"	"霍布斯先生，洛克先生，感谢你们的到来。我邀请你们，是因为你们都是社会契约论方面的权威专家。我知道你们之间的分歧很大，在我们交谈时也应该注意到这些分歧，但本次对话的关键在于你们思想中的关键相似之处……"

显然，你不会从字面意思上理解这个对话隐喻，并把论文写成表 3.4 中的任何一种样式。但请注意，表 3.5 中的例子与表 3.4 中的例子逻辑完全相同。

表 3.5 对比两个文献综述（以你实际可能的写作方式）

令人困惑的观点罗列	明确的议程
"在讨论了霍布斯之后，我将继续讨论洛克的观点……"	"英国社会契约理论家霍布斯和洛克的特点是致力于……"

在左边的例子中，你没有自己的议程；你只是在报告霍布斯和洛克说了什么。而在右边的例子中，你通过指出社会契约是共同特征来确定议程（比如你的论文可能是关于合法统治观念的，你正在将社会契约与神权统治进行对比）。前者的问题在于，读者不清楚**你**对所讨论作者的看法，因此很难理解论文的整体观点。这就是我们所说的作者消失问题。

同样的原则不仅适用于作者，也适用于文本：不应围绕不相关联的书籍或文章来撰写文献综述。好的文献综述不会说"Lupia 于 2002 年发表的文章在其于 1994 年发表的文章的基础上添加了以下内容……"，除非你的目的仅仅是梳理其作品的历史，而几乎不可能有这种论文。但是，如果你是因为在写有关选民能力（voter competence）的论文而阅读 Lupia 的文章，论文中结构更好的文献综述应该是："与大众和学界对无知选民的哀叹相反，最近关于选民认知的研究（Lupia 1994, 2002; McCubbins, 2000）认为……"

有一个经验法则：想象一下你在文献综述中使用小标题（这通常是个很好的做法）。**如果小标题主要由专有名词组成，那么你可能做错了：**

  I. 霍布斯
  II. 洛克

但如果小标题提到了概念、观点或理论，那么你可能做对了：

  I. 社会契约论
  II. 君权神授论

或

  I. 选民无知论
  II. 选民线索获取和其他认知捷径

> 根据观点、概念、理论（换句话说，根据类别），而不是根据作者来组织文献综述。

与其他所有经验法则一样，这条规则也有例外：个别作者和文本可能值得你在文献综述中花单独一节来讨论。随着你对政治学了解的加深，你会渐渐熟悉那些知名学者和经典著作。但写作的基本原则是：尽管这部分被称为"文献综述"，但它并不是"对所有我读过的内容的报告"；相反，它是"对我所读的内容与我的论文研究问题有何关联的讨论"。

运用有说服力的证据：选择性地引用资料，还是尽力回应反驳

假设你认为福山关于自由市场自由主义优越性的论述是正确的，并且希望引用同意这一论述的其他政治学家的观点。换句话说，你提出了一个论点（很好！）并提供了支持它的证据（可能很好）。但读者会被说服吗？可能不会——也许更多的政治学家不同意福山的观点，特别是现在，当我们对冷战的结束有了一定的历史视角后。如果你只提供支持你立场的证据，而不提供可能反驳它的证据，那么你只是在选择性地引用资料。这样做会削弱你的论点，因为你会让读者（至少是那些有一定辨识能力的读者）怀疑你的能力，甚至可能怀疑你的道德。换句话说，选择性

地引用资料会破坏你作品的可信度。

根据与许多学生的接触经验，我们知道你可能会觉得这个想法很疯狂。但我们向你保证，如果考虑到反对你论点的证据和论证，你的论文将更有说服力。要将反驳观点和对立证据视为对你论证力度的检验。如果你能说，"我已经考虑到了对我的论点可能是最有力的反驳观点（或反对证据），并且提供了为什么它不能否定我的论点的理由"，那么你就已经为自己的观点提供了非常有力的论证。毕竟，政治世界是复杂的，几乎总会有一些学者以充分的理由不同意你的立场。如果你已经在作品中设想过那些反对者，那么你已经在很大程度上超越了他们。因此，试着设想对你论证的最有力的反对立场是非常重要的。选择一个程式化的"稻草人"形象来夸张地模仿反对立场，把它当作靶子，是不会有任何帮助的，有理性的人很少会真的支持这种立场。在现实生活中，聪明的对手会说："当然，我同意你证明了对你论证的那个挑战是失败的。但这个呢？"然后他们会继续把你的论证驳得体无完肤。

你可能会说："但我只有一个星期的时间；怎样才能知道我已经考虑到了关键资料／观点／证据呢？"你说得对，如果这是你第一次接触新领域的文献，就更是如此。你怎么知道大多数政治学家对福山的论证有何反应？以下是一些注意事项：

- 学术界很少就某件事情达成共识。因此，如果事情看起来显得过于简单，那么可能确实如此，你需要再深入探究。

- 在最能代表该学科主流的地方挖掘。从知名度最高的期刊开始文献检索：一般的政治学资料可以参考《美国政治学评论》，国际关系资料可以阅读《世界政治》，政治理论资料可以查阅《政治理论》，等等。当然，这些期刊作为"旗舰"，自然也就带有争议性：不要把它们当作唯一的立场或显然的真理，它们只是了解学科主流的捷径。
- 如果你对特定学者的代表性感兴趣，可以使用类似的捷径。引用指数显示了某位学者或某部作品的被引用量。但请记住，被广泛引用并不代表某人就是正确的；这只是意味着他/她有影响力。你也可以根据自己课程的阅读材料设计一个非正式的引用指数：在布置了这篇关于福山的论文的课程中，有哪些名字经常在书籍和文章里出现？这会非常有用，因为它反映了老师的具体关注点和兴趣。

正如我们将在第六章中显示的那样，就不同立场写出令人信服的文章也有风格方面的因素，我们将讨论一个看似矛盾之处：较弱的论点反而构成了强有力的论证（反之亦然）。

"没有白痴"原则

学术界有时看起来像一个充满负面情绪的糟糕场所。许多讨论花在了谈论某人在某件事上如何以及为何出错上。教授们似乎在文章、书评和教职工会议上互相攻击。研究生有时似乎也有这种负面态度，专注于指出观点如何过时、不完整，甚至愚蠢透顶。他们甚至可能暗示自己所在的院系也是如此。那你呢？似乎你也受邀加入这场口水战！当写作任务要求进行"批评"时，你可能会理所当然地认为，你应该抨击任何自己正在讨论的人。

在要求你比较与对比他人作品的论文中，你可能会觉得应该挑选赢家并抨击输家，或者至少要给出评分，但这并非正确做法。不要让负面情绪影响你或你的写作。相反，请遵循我们所说的"没有白痴"原则。你要假定，如果某样东西列入了教学大纲或布置为作业，那么它就值得认真对待。如果你有不同的想法，试着去理解它为什么会被列入教学大纲或成为作业。如果它看起来很蠢，也可能是你还没有理解。20世纪最重要的政治哲学家之一约翰·罗尔斯在阅读时就是采取这种态度。对于他在哈佛大学课程中指定阅读的文本，他是这样说的：

> 我总是理所当然地认为，我们研究的作者比我聪明得多。如果他们不聪明，我为什么要浪费自己和学生的时间去研究他们呢？当我发现他们论证中的错误时，我会想：这些作者也一定注意到了，并且已经处理过了。但是在哪里处理呢？我会去寻找他们的解决方法，而不是我自己的。有时候，他们的解决方法是历史性的；在他们那个时代，有些问题不需要被提出，或者根本不会出现，因此当时是不会被充分讨论的。有时候，是我忽略了或还没有读到文本的某些部分。我会假设文本中没有明显的错误，至少没有重要的错误。[6]

当然，罗尔斯并不是说他同意他所阅读的一切；你也不必如此。你正在阅读的材料中很可能存在问题，甚至是错误。但如果你一开始不带着材料可能有问题的预设，你就会更加谨慎，措辞会更加尊重他人，你所发现并报告的错误也会更具说服力。政治学教师的文件柜和硬盘里堆满了无聊、刻薄、质量平庸的论文，这些论文认为马克思是错的，因为他不了解人性；认为卡尔·施密特是邪恶的，因为他加入了纳粹党；认为"战争相关因素"项目（Correlates of War project）的研究使用粗略的统计数据显得很幼稚。没有教师愿意继续读这样的文章。遵循"没有白痴"原则的话，你可以避免写出糟糕的文章。

强有力的结论

结论各组成部分的常见顺序：

1. 学术上的"所以呢？"
2. 政治上的"所以呢？"
3. 承认论文的局限性
4. 对未来研究如何应对这些局限性的思考

最后，

5. 说明为什么继续采用这种方法是有价值的

两类"所以呢?"问题

当你回答了研究问题并展开论证后,你可能不知道还有什么要写。不是已经说出了所有想说的话吗?太多时候,学生们在论文结尾处只是总结前文,提出笼统的主张,或干脆戛然而止。但结论为你提供了一个宝贵的机会,以思考上述两类"所以呢?"问题之间的关系——即,为什么说这篇论文与相关文献进行了有意义的互动(学术上的"所以呢?"),以及它在政治上为什么重要或不重要(政治上的"所以呢?")。请注意,结论必须解决学术上的"所以呢?"问题,但往往不需要解决政治上的"所以呢?"问题。

我们在讲解引言的部分使用的例子中,鉴于我们刚刚了解到的文化的重要性,这篇论文在学术上的"所以呢?"必然涉及既有研究的不足和对未来研究的建议。政治上的"所以呢?"则可能涉及美国的外交政策在推动建立民主政权时,要将文化因素纳入考量(表3.6)。

表3.6 两类"所以呢?"问题

学术上的	政治上的
对政治学文献的贡献: "在指出民主化文献中对文化因素的忽视后,我表明了文化在某些情况下是重要的影响因素。"	对政治的贡献: "本文论证的言下之意是,忽视文化的外交政策有徒劳无功的危险。"

局限性与未来研究方向

结论部分还需要对论证和/或研究结果的局限性进行反思。比如，由于时间、资金和技能有限而未能解决的问题，或者先前被忽略、直到完成论文主要部分后才意识到其重要性的事实或观点。正如我们在上文"选择性地引用资料"部分提到的，相较于试图让读者相信你的论文完美无缺，意识到自己可能犯错会让你显得更为明智和可靠。我们将在第六章进一步阐述这一点。

就我们一直在讨论的例子而言，一个明显的局限性是我们只研究了两个国家。也许这两个国家在某些方面异常特殊，以至于我们从研究中获得的知识在其他地方并不适用。（即便你坚信自己的研究在其他地方也适用，承认可能存在不适用的情况也更明智。）

我们应该注意到，即使是在较长的论文中，结论往往也很短。一篇60页的论文的结论可能不止一段话，但也不需要超过2页。引言的任务是让读者为理解接下来的内容做好准备；相反，到了结论部分，论文的其他部分应该已经为最终观点奠定了基础。如果论文写得很好，结论就不需要冗长的解释。（如果你发现自己需要为结论中的内容提供大量新证据，那可能意味着其中有一部分应该早点出现在论文中。）

在提交论文之前，我们建议你单独阅读引言和结论部分，以确保（1）你已经按照承诺向读者表明了相应内容，以及（2）你已经阐述了其重要性。当然，我们也建议你多次通读全文，我们也会在本章的后面部分提供如何修改整篇论文的建议。但是，单独比较这两个部分以确保它们的排列有良好的修辞效果，也会很有帮助。

先来后到：拟定标题

学生论文中最常被忽视的元素之一就是标题。许多学生论文要么没有标题，要么更糟糕，顶着"小论文1"或"Prompt 7"这样糟糕的标题。标题很重要。它们是作者用来吸引读者并开始说服读者的第一个修辞举措。

我们建议在完成论文内容后就给论文起标题。除非你的老师提供了具体的指导，否则我们还是建议采用最常见的学术标题结构：一个简洁的词或短语，后面跟着一个冒号，然后是一个直截了当的描述词或短语，就像本节的副标题一样。有时这可能会显得不自然，甚至有些突兀，但这种结构很常见：因为你需要让标题既能吸引读者的注意（一个简洁的词或短语！），又能描述论文内容（通常不是一个简洁的词或短语）。米卡仍然对他大学二年级时的第一篇政治学学期论文的题目感到自豪："糟糕的事情发生了（Shit Happens）：米歇尔·福柯的现代性理论"。如果你了解福柯的理论，你就会知道这是一个非常合适的标题。不过，我们建议你先别尝试过于大胆的标题；先了解一下你老师的喜好。

当你以为大功告成时：修改策略

一旦你完成了论文的初稿，要想确保它达到你的预期，最好

的办法就是进行修改。以下是我们的五大修改建议:

1. 先将论文放置几天,再重读论文。这样做需要你早点开始写作,因为我们很难在五分钟前刚写的东西中发现问题。(毕竟,五分钟前它对你来说是有道理的!)

2. 让别人阅读你的论文并提供反馈。有关这方面的更多建议,请参阅附录 A。

3. 尝试反过来为你的论文撰写提纲:按顺序写下每个段落的主要观点,然后阅读提纲。你是否尽可能合乎逻辑地组织了论文?

4. 通读论文并标记出每个论点。你是否为所有论点提供了支持?

5. 重点关注引言。正如上面提到的,在政治学中,引言阐述了论文的论证,而你在完成论证之前并不清楚论证的最终形态。因此,在完成论文正文后,最好对引言进行彻底修改。你最开始的"赌注"是否仍然正确?你的论文是否做出了预期的贡献,还是比预想中更为具体或复杂?

根据梳理论证细节时的新收获,引言初稿中提出的某些论点可能需要弱化、强化或完全改变方向。这正是学术对话的美妙之处:参与其中会给你带来新的(我们也希望是更好的)想法。

高效写作论文的建议清单

这样做

- ✓ 将你的论文置于相关的政治学**对话**中。
- ✓ 理解或制定你的论文所回答的**问题**。
- ✓ **在将笔记整理成论证的同时，制定有效的规划。**
- ✓ 明确你的案例是关于什么的案例。
- ✓ **递归**写作：将引言写两遍，重新审视你的观点，灵活处理论文结构。
- ✓ **围绕你的观点和议程（是概念，而不是专有名词）来构建文献对话。**
- ✓ 在结论中回应**两类**"所以呢？"问题。
- ✓ 拟定标题。
- ✓ 彻底**修改**论文。

别这样做

- ✓ **选择性地引用**资源和证据。
- ✓ 把对手及其"小喽啰"变成**稻草人**。
- ✓ 在讨论其他作者的作品时，不谈你自己的观点和议程。

第四章

数据驱动型研究计划书与 IMRD 论文的写作策略

STRATEGIES FOR DATA-DRIVEN RESEARCH PROPOSALS AND IMRD PAPERS

本章主要关注如何就你自己收集的数据撰写文章。我们的目标是以令读者感到信服的方式来写作，换句话说，我们的重点是修辞。正如之前提到的，这里的"修辞"并不是指狡猾或者不光明正大等负面含义，而是指对预期的表达方式加以考虑，使其对目标受众来说更具可信度和说服力。

你可能会注意到，在讨论实际论文的撰写前，我们会先谈谈数据的可视化呈现。这么做的原因有二：首先，学者们经常通过图表来探索自己的数据，观察数据传达的信息，或者验证他们假设的模式和关系；其次，图表可能是最具修辞效果的论证方式。尽管这似乎是一种不太寻常的写作方式，但请记住，政治学家在阅读时经常首先关注图表，特别是在文章使用了定量数据的情况下。

撰写研究计划书和 IMRD 论文的过程与第三章中介绍的论文撰写过程大体相似，除了收集和呈现数据，以及在某些预先设定的部分展示研究成果等问题，这些我们将在本章中讨论。因此，我们鼓励你在需要时回顾图 3.1 及第三章的各个部分，比如找到研究问题。

第四章　数据驱动型研究计划书与 IMRD 论文的写作策略

数据的类型

数据是拉丁文单词"datum"的复数形式，意思是"被给予"。然而，任何收集过数据的人都知道，数据绝不是"被给予"的。政治学本科课程通常不讲授数据收集，主要原因之一是它涉及许多复杂的技术、方法和伦理问题，教师在一个学期内根本无法全部涵盖。如果你有机会选修研究方法类课程，那么你很幸运；如果你没有，但又想从事这类数据收集工作，我们建议你查阅社会科学或政治学研究指南。（参见附录 B，那里有一份可能对你有用的书单。）

我们没有足够的篇幅来详细解释数据收集和分析的所有细节。不过，我们会尽量让你熟悉作者传达研究结果最常用的形式之一——引言、方法、结果、讨论（IMRD）论文。我们也会介绍如何撰写研究计划书以解释相应的数据收集计划并证明其合理性，无论计划最后是否实际执行。在这个过程中，我们将提供一些理解他人研究的技巧，换句话说，就是在涉及数据时如何像政治学家一样思考。但我们这么做的主要目的是最大限度地提升你的思维与写作的清晰度和可信度。

> 在本书中，我们将"数据"（data）视为单数，因为这已经成为可接受的惯例。然而，你可能会遇到一些坚持将"data"视为复数的人："the data show…"而不是"the data shows…"。如果你遇到这种情况，特别是如果对方是你的老师，请尊重他们的偏好。如果你不确定应该怎么做，可以选择更保守的说法"the data show"，即使这在你听来可能有些别扭。

75

数据类型的一种划分是定量与定性的划分。定量数据是指可以用统计方法分析的数值数据，而定性数据是指需要解读和分类的数据。例如，在选举中每个候选人获得的投票数是定量数据；而媒体对选举的报道内容则是定性数据。

调查既可以收集定量数据，也可以收集定性数据：所有受访者对于某些陈述表示"非常同意"或"非常不同意"的数字等级是定量数据，受访者用自己的话对开放式问题的回答则是定性数据。

- 定量调查问题："我喜欢写政治学论文。"（按 1—7 级来分级，1 表示"非常不同意"，7 表示"非常同意"。）
- 定性调查问题："请告诉我们你最喜欢写哪类政治学论文，为什么？"

定性数据也可能变成定量数据：媒体报道可以被人工或者计算机编码，这样就可以用定量方法处理。例如，一位学者可能会制定一种编码方案，用于分析学生讨论他们喜欢写政治学论文的原因时所使用的语言，然后统计某些词或短语出现的次数，以便比较它们在不同子学科中出现的频率（表 4.1）。

表 4.1　定性数据的编码样本

	美国政治	比较政治	国际政治	政治理论
"精读文本"	0	9	1	17

续　表

	美国政治	比较政治	国际政治	政治理论
"分析调查数据"	18	3	2	0
"比较与对比案例"	7	16	14	4

这些例子暗示了不同类型数据的优点和缺点。定性数据内容丰富，能够捕捉到现实世界的细微和复杂之处。但正因为如此，定性数据难以大量收集和分析，因此很难根据这些数据得出具有普适性的推论。当研究目标是获得广泛且具有普适性的结论时，学者们通常会求助于定量数据。与超过 5 人或 10 人进行开放式讨论可能就比较困难了，但使用表格对 1000 人甚至更多人进行调查并产生定量数据却是可能的。数字还有一个优点，就是可以用数学工具来处理：学者可以分析现象的方差，检验看似不同的差异在统计学意义上是否显著，研究一种现象是否与另一种现象相关，等等。定量数据的优势，是以失去定性数据的丰富性和细微差别为代价的。

当然，我们需要记住，某事物可以计算本身并不意味着能直接就此得出具有普适性的推论。（例如，如果一个大学城中 90% 的共和党人支持加税以支持当地图书馆，这并不意味着各地的共和党人都可能支持类似的税收选择。）

由于定性数据和定量数据各有优势，许多研究者采用混合方法，同时收集这两种类型的数据。例如，在研究环保运动时，可以收集有关环保团体的成员和财务状况的统计数据，并对其中两三个团体进行个案研究，以便更好地了解他们实际上如何管理成员和资金。

讨论他人收集的数据

在本节中,我们将提出几个可以在评估他人收集的数据和计划自己的数据收集时问的问题。(关于选择可靠的研究和数据来源的建议,请参阅第七章。)对这些问题的回答构成了这类写作中学术对话的一部分;你需要就他人的研究讨论这些问题,并为你为什么要在自己的研究中选择这些数据提供充分的理由。现在,我们将从他人开展的研究这一角度来讨论,并使用一项调查作为示例说明我们想到的各类问题。

> 1. 研究者是如何表述研究问题的?
> 2. 什么在与什么作比较,为什么?

1. 研究者是如何表述研究问题的?

我们在这里真正要问的是,你能否发现任何可能影响研究者所收集数据的质量的明显偏见或歧义。

1a. 偏见

你或许认为,避免偏见应该很容易,但实际上,即使是力求客观的研究者,有时也会无意中在问题中嵌入自己的预设。思考下列两个问题的区别:

- 是什么因素让美国城市选民比农村选民更有可能支持提高最低工资？
- 美国城市选民和农村选民支持提高最低工资的可能性是否存在差异？

如你所见，除非研究者已经收集到的数据表明第二个问题答案为"是"，否则第一个问题就是过早给出结论。它所依据的是研究者自认为的对城市居民和农村居民的了解，而这种了解可能并不是基于实际证据。如果你遇到类似问题一这样的提问（"是什么让 x 比 y 更有可能？"），你首先应该问，他/她如何知道 x 实际上比 y 更有可能？如果研究者不能对此提供合理解释，那么这项研究可能是有问题的。

1b. 歧义

如果你想快速了解在研究问题中产生歧义有多容易，不妨尝试设计一个简短的预调查。预调查通常会显示，问卷中至少有几个问题是目标受访者不能理解的。例如：

> 令人困惑的调查问题："你认为国会的氛围（climate）是在改善、恶化还是保持不变？"

这个问题试图探究有关礼貌与合作的问题。研究者想知道，受访者是否认为国会议员的合作不如以前频繁，在作者看来，这代表着国会氛围的恶化。尽管问题看似客观，但受访者可能对此有许多不同的解读：

- "你认为国会议员的合作比以前少了吗？"有些受访者可能认为合作是件坏事；他们可能相信自己所在的党派应该坚持立场，不做任何让步。因此，即使受访者明白作者所说的"氛围"（climate）是什么意思，也不清楚他们认为哪些是"改善"，哪些是"恶化"。
- "你觉得国会现在关注的问题都是错误的吗？"由于上述问题没有对"氛围"（climate）进行定义，一些受访者可能会将其理解为"政治氛围"或"目前似乎受到关注的问题"。
- "你认为国会议事厅的供暖和制冷系统需要升级吗？"一些受访者可能只会将"气候"（climate）与天气联系起来。因此，在没有更多信息的情况下，他们可能会直接想到温度问题。

由此可见，选择明确的术语并尽可能具体，同时避免过于冗长是多么重要。（关于避免冗长和简洁写作的建议，请参阅第六章。）

> 改进后的调查问题："你认为国会议员的跨党派合作是更多了、更少了，还是与过去大致相当？"

需要注意的是，对问题的最后一部分（"与过去大致相当"）仍可能产生不同的解读。对一些受访者来说，这可能意味着"与去年大致相当",而对另一些受访者来说,这可能意味着"与最近一次国会选举前大致相当",甚至是"与 25 年前大致相当"。因此,问题还需要更加具体:

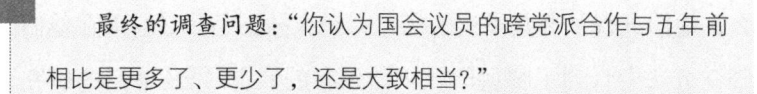

> 最终的调查问题:"你认为国会议员的跨党派合作与五年前相比是更多了、更少了,还是大致相当?"

2. 什么在与什么作比较,为什么?

你可能听说过,拿苹果和橘子作比较是没有意义的(当然,除非你的问题是苹果和橘子的异同)。可惜,人们很容易在无意中作出这样的比较(或者是将苹果与柠檬或巧克力曲奇进行比较)。还记得我们之前提到的城市选民与农村选民对最低工资看法的问题吗?如果我们调查的所有城市选民都住在美国北方,而农村选民都住在南方,会发生什么?或者,如果我们给城市选民发放的问卷与南方选民[①]的问卷在措辞上略有不同,又会怎样?又或者,如果城市选民比南方选民早六个月接受调查,结果会如何?这些差异中的任何一个,都足以使选民观点差异的真正来源变得不明朗:或许我们实际上测量的是南北差异,或者是问卷措辞对选民回答的影响,或者是那六个月中发生的大量值得关注的新闻事件的影响。为了确保我们真正在比较自己想要比较的东西(即居住在城市或农村环境如何影响选民对提高最低工资的看

---

① 原文如此。此处作者故意用"南方选民"来指代"农村选民",以凸显这种调查思路的混乱。

法），我们希望两组选民在其他因素上尽可能相似。

81 一旦想好了自己对他人数据的看法，你就需要用清晰可信的方式将其写出来。当描述别人的研究时——这通常会在论文的引言和文献综述部分进行——你需要说明其他作者的研究问题是什么，他们进行了哪些类型的研究，研究结果是什么，你在他们的研究方法中看到了哪些问题（如果有的话），以及他们的研究留下了哪些尚未回答的问题。

加入学术对话：提出你自己的研究

如你所见，上述所有问题在你解释自己的研究问题时同样重要。无论你是否真的打算开展研究，你在撰写研究计划书时都需要说服读者，让他们觉得不但你的研究问题有趣且可以回答（像撰写任何其他类型的论文一样），而且你对问题的表述清晰且客观，足以让你获得有价值的答案，你计划进行的比较也都是合理的。

研究计划书和 IMRD 论文都要求你解读并参与学术对话，这与第三章中描述的论文非常相似。只是在这种情况下，对话的一部分往往涉及评估他人的研究方法，同时准确描述自己的研究方法。

研究计划书的引言

就结构而言，研究计划书有两个主要部分：引言和方法。

第四章 数据驱动型研究计划书与 IMRD 论文的写作策略

引言的功能与我们在第三章中描述的引言很相似，它需要告诉读者：

1. 关于计划回答的问题，目前有哪些已知信息
2. 谁是当前知识的主要贡献者
3. 为什么需要了解更多（或以不同的方式看待问题）

也许最重要的是，

4. 作为作者，你是否有能力做出可信的贡献。

换句话说，引言需要解释你的问题是什么及为什么重要，并让读者了解你将参与的学术对话。如果计划书中包含文献综述，它很可能会作为引言的一个部分出现，并毫不意外地被称为"文献综述"或"研究背景"。有关如何撰写文献综述的更多信息，请参见第三章。

你还可以在引言中提出一个你认为自己的研究可能会发现的答案，以及你为什么这么认为。如果你认为自己知道会发现什么，那么你就有了一个**假设**。下面的示例是一名学生在研究方法课程的研究计划书中提出的一个假设（也可以叫一组假设）：

1. 个人的大学专业选择与其政治参与程度之间存在关联。
2. 不同类型的大学专业会导致个人不同的政治参与程度。

如果这位学生对大学专业选择是否会影响政治参与程度感兴趣，但事先并不知道她会发现什么，那么这个研究项目就纯粹是探索性的研究。在这种情况下，研究问题可以只是"学生的专业选择与其政治参与程度之间是否存在关系？"而不需要明确列出任何假设。

研究计划书的方法部分

在研究计划书的方法部分，你需要说明将如何验证假设或探究研究问题，打算采用哪些研究方法及选择它们的原因。（在上面的案例中，这位学生计划调查收集不同个人的数据，这些数据与其大学背景及其可能参与的各种政治活动相关。）如果引言撰写得当，那么这个问题的一部分答案已经包含在引言中了：如果与问题相关的既有研究描述清晰，那么在既有研究基础上进一步拓展时，自然会有思路和恰当的表达。

这一部分应当回答的问题包括：

- 你打算如何收集数据？（实验？调查？访谈？内容分析？参与式观察？档案研究？）
- 你将从哪些人或哪些文件中收集数据？（为什么那是最好的数据来源？）
- 如果你打算使用别人收集的数据，你将如何获得这些数据？（同样地，为什么这些数据是最佳选择？）
- 获得数据后，你将使用什么分析方法来解释数据，为什么？（解释法？具体采用哪种解释？统计法？具体采用哪种统计方法？）

- 如果你有一个假设，你将如何判断它是正确还是错误，还是部分正确、部分错误？
- 你需要哪些资金、空间和设备方面的资源来开展研究？你是否需要合作者的帮助，还是你能够独立完成这项工作？

你可能还无法回答上述所有问题，尤其是当你还没有学习研究方法课程，只是在上一门研究设计入门课程时。与之前一样，我们建议你咨询老师，了解他们希望在这个部分看到的内容。我们不建议你编造一些自认为正确但实际上并不能理解的回答。相信我们，这些回答在你的老师看来并不正确。

收集和分析数据

如果你既要收集数据又要进行分析，那么相较于你其他方面的工作，论文中这部分的长度将与你在这两项工作上投入的努力呈负相关。也就是说，它们将比你项目中的其他部分花费更多的时间。它们将决定你能说些什么，即便是在论文开始的部分。为此你需要做好准备，先去做吧，当你（差不多）完成时再回到这里。

现在我们要暂时告别好一会儿。

好了，你现在回来了！欢迎！现在，你需要写下你的研究结果。这听起来很简单，而且确实比设计项目或收集和分析数据要容易，但这并不是一件小事。

> 由于数据分析的结果构成了论文的核心贡献，在撰写论文的其他部分之前，你需要确定如何有效地呈现这些结果。这可能涉及是否要对结果进行可视化呈现。数据的可视化不是论证后才加上的装饰，而（可能）是对证据最有效的提炼。

此时，你需要考虑如何与读者分享你的数据。重要的是要思考，是可视化呈现更有效，还是纯文字描述更合适。遗憾的是，我们无法给出明确的原则或规则。因此，我们建议你参考下一节的内容。如果你在阅读之后认为你的数据不适合进行可视化呈现，那么你就需要非常审慎地用文字来阐释你的数据。

用数据绘制清晰的图像：可视化的实践与伦理原则

视觉修辞（用图像交流）在各类写作中的重要性与日俱增，特别是对帮助读者理解数据和研究结果尤为有用。在本节中，我们将介绍一些数据可视化的注意事项。其中一些是实践层面的问题，比如，判断数据以视觉形式呈现是否比文字描述更易于理解；了解在一幅插图中能有效地呈现多少信息；如何在不同类型的可视化形式之间做选择（例如，何时使用表格、照片、示意图或统计图——如果是统计图，具体是哪种类型）；以及如何恰当地使用标签、标题和说明文字。同时，还有一些伦理方面的考量，例如，比例尺的选择可能会毫无根据地夸大结果的重要性。本节将介绍几种最常见的数据可视化的方法。

呈现数据的常见方式

最常见的三种数据可视化的方式是表格、统计图（graphs）和示意图（diagrams）。我们将在下面解释它们之间的区别，并提供选择指南。首先，我们来给它们简单下个定义（表 4.2）。

表 4.2　数据展示的类型

表格	按列和行排列的数据或文本
统计图	可视化呈现的数据
示意图	可视化呈现的概念之间的关系

每种方法都有助于整理和压缩数据，使读者更容易把握它们之间的关系。

表　格

> 表格既可用于呈现数字，也可用于呈现文字，适用于需要按类别展示数据或不涉及数字的情况。

在上一节末尾，你看到的是关于信息整理的表格。你也可以回顾一下表 4.1，它以交叉表（cross-tabulated table）的形式呈现了经过定量编码的定性信息。

在政治学中，表格是信息可视化呈现最常见的方式之一。通过表格，你可以对任何类型的信息进行分类，同时也可以高效地呈现定量数据。

实际上，回归分析（regression analysis）是政治学中最常见的统计方法之一，它使用概率演算（probability calculus）来估算学者感兴趣的变量之间的关系。回归分析的结果通常以类似表 4.3 的特定格式呈现。

表 4.3　回归分析表

	因变量		
	死亡人数类别（1-6）		
	（1）	（2）	（3）
冲突持续时间（月）	0.054*** (0.001)	0.043*** (0.001)	0.042*** (0.001)
敌对程度（1-5）		0.329*** (0.011)	0.324*** (0.011)
是否为冲突发起国			−0.396*** (0.048)
截距项	0.189*** (0.017)	−0.712*** (0.034)	−0.333*** (0.057)
观测值	5,505	5,505	5,505
R^2	0.207	0.315	0.324

续 表

	因变量		
	死亡人数类别（1-6）		
	（1）	（2）	（3）
调整后的 R^2	0.207	0.315	0.323
残差标准误	1.136 (df = 5503)	1.056 (df = 5502)	1.050 (df = 5501)
F 统计值	1,437.205*** (df = 1; 5503)	1,266.808*** (df = 2; 5502)	878.196*** (df = 3; 5501)
*p < 0.05, **p < 0.01, ***p < 0.001			

表 4.3 利用公开的"战争相关因素"项目所收集的国家间冲突的相关数据，探讨了一国在国家间冲突中的死亡人数与该冲突的持续时间、敌对程度，以及该国是否为冲突发起国之间的关系。[1] 死亡人数被分为从 1 到 6 六个组别（其中 1 表示死亡人数少于 25 人，6 表示超过 999 人）。在本研究中，死亡人数为"因变量"。持续时间、敌对程度（从"无军事行动"到战争）和是否为冲突发起国为"自变量"。第（1）、（2）和（3）列分别代表一个回归方程（或者称"模型"）；第一列只测度持续时间对死亡人数的影响，第二列测度持续时间和敌对程度对死亡人数的影响，第三列增加了是否为冲突发起国这一变量。星号表示相关关系在统计学意义上是显著的（也就是说并非偶然造成）。例如，"冲突持续时间"右边的数字显示，冲突每持续一个月，死亡人数类别就会增加 5.4%。这可能看起来并不多，因此会引发你提出更多问题：敌对程度可能更为关键。事实上，情况似乎也的确如

此：“敌对程度”变量每增加 1，死亡人数类别就会增加 33%。留给你一个思考问题：这张表格为什么能支持"进攻是最好的防守"这句老话？

你可能仍然觉得这张表格有很多神秘甚至令人困惑的地方。别担心。你很可能会在自己的政治学生涯中遇到这样的表格，甚至可能要自己制作类似的表格。（你可能会问：“我到底该怎么做呢？”答案是：使用专门的统计软件。尽管上面的表格涉及复杂的数学运算，但它只是用户输入的一些基本命令的结果。）

只要限制表格的大小和显示类别的数量，用表格查找信息就会很方便。想象一张 2 列 50 行的人口普查表，其中列出了美国每个州的人口数量，用它来查找你感兴趣的特定州的人口数量并不难（尽管它会在你的论文中占据相当大的篇幅）。再想象一张 10 列 50 行的人口普查表，按不同的性别和种族群体列出每个州的人口。或者想象一张包含数十个变量和多个模型的回归分析表。这就开始变得让人觉得不知所措、难以处理；如果为读者提供这些信息很重要，那么可以将其列入附录，但你应该将这些数据分割成更小的数据集，在论文正文中以更好处理的表格形式呈现。（请参阅本章末尾题为"信息过载问题"的方框。）

统计图

> 统计图对于压缩大量数据并显示数据之间的关系非常有用。

思考一下我们在表 4.1 中虚构的调研数据。表格中的类别数量勉强够，但我们若想要理解这些数字传达的信息，便会感到有些困惑。因此，让我们以统计图的形式来呈现相同的数据（图 4.1）：

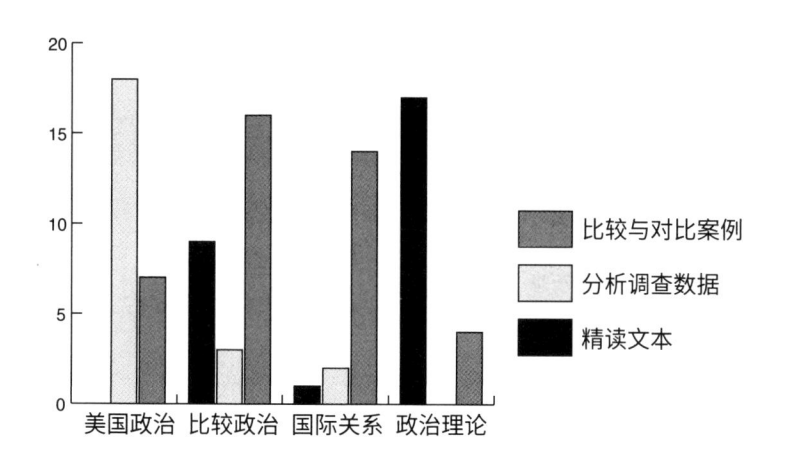

图 4.1　不完整的条形图

现在，我们更容易快速把握这些数字所表达的意义了：政治学的不同子学科之间存在显著差异。（请记住，这些数据是我们虚构的。你不能基于这些数据来判断子学科之间的实际差异。）实际上，我们可以说，这里的数据已经变成了信息。这就是你写作的目的：将数据转化为信息。

> 统计图通常也被称为图表（charts）。例如，你可能最先使用的制图工具 Microsoft Excel 就称之为图表。这两个词曾经有不同的含义，但现在人们普遍认为它们是同义词。你还会遇到"绘图"（plot）这个概念，它的含义也基本相同。

图 4.1 中的统计图是条形图（bar graph），Excel 将其称为柱状图（column chart）。Excel 的柱状图如果翻转坐标轴，就会变成条形图（bar chart）；我们也可以称之为柱状图（column graph）。为什么要翻转坐标轴呢？在当前的例子中，我们不会。但如果政治学有 15 个子学科，页面上的横向空间就不够了，而将类别更多的轴设置为纵坐标轴就能解决这个问题。这就是选择使用何种统计图的关键原则：

> 以尽可能清晰、高效的方式进行数据可视化，提供所有必要的信息，避免不必要的干扰。

图 4.1 在多大程度上符合我们的原则呢？这张图看起来还可以。它有一个图例，解释了不同的条形分别代表的含义。其 x 轴清晰地展示了我们正在考察的内容：政治学的子学科。但如果你没有阅读这本书或不是政治学专业的学生，你能否理解这些呢？y 轴上又有什么呢？y 轴上有数字，但这些数字又代表什么呢？图中缺少了一些关键信息！

好的统计图即使嵌入文本也是独立的：它们会告诉读者理解数据所需知道的所有信息。这张统计图缺少有关数据内容的信息。在本章开头，我们说明过这些数据可能涉及的内容，是经过编码的、学生描述政治学课程中写作任务的回答。我们可以将这个信息放入图表标题或其说明中。现在，让我们把它放在标题中（图 4.2）：

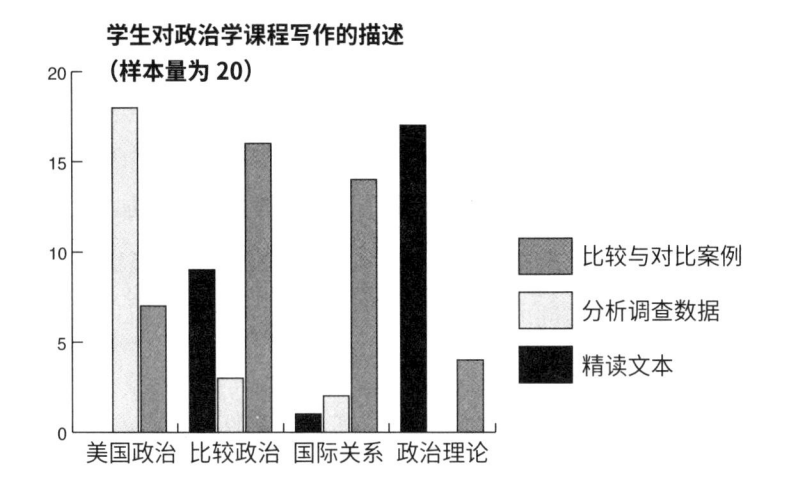

图 4.2　包含更多数据信息的条形图

好了！好多了。请注意，我们还添加了回答人数。

让我们来看看不同类型的统计图。统计图的种类很多，我们无法一一讨论，以下是一些基本的统计图。

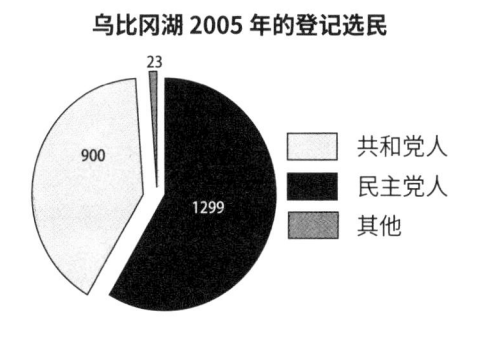

图 4.3　饼图

饼图（pie charts）是展示有限数量的类别之间关系的常用方式，比如图4.3中虚构的乌比冈湖[①]的登记选民人数。请注意，为了提供更多信息，我们还加入了实际人数。我们本可以用百分比来代替，但饼图已经让你大致了解了比例，而这正是百分比的意义所在。不过，饼图虽然非常流行，但当数据变得更加复杂时，它们就不能很有效地提供信息了。例如，如果要展示乌比冈湖选民的党派偏见随时间的变化，就必须使用很多饼图，而且依然不容易看出主要问题。

要表达（随时间或其他因素的）变化，最好使用折线图（line graph）或面积图（area graph，图4.4）。

图4.4最引人注目的地方在于乌比冈湖选民减少这一令人担忧的现象。这可能是由于城镇人口减少（或许大家都搬到图森市了！），或者是由于登记投票的人数下降。仅凭这些数据还无法得出结论，但如果我们对乌比冈湖在明尼苏达州政治中的政治"权重"感兴趣，那么这些数据就具有潜在意义。但是，如果我们只是对乌比冈湖政治中的权力平衡感兴趣，那么图4.5这种忽略数字变化、将数据"归一化"（normalizes，即比例总和始终为100%）的统计图就会更有价值。

[①] 乌比冈湖（Lake Wobegon）是美国作家加里森·凯勒（Garrison Keillor）在其广播节目《牧场之家好做伴》（A Prairie Home Companion）中创造的一个虚构的小镇，位于明尼苏达州。该镇居民普遍认为自己高于平均水平，因此心理学家创造了"乌比冈湖效应"（Lake Wobegon Effect）一词来指代高估自己的心理倾向。

图 4.4 面积图

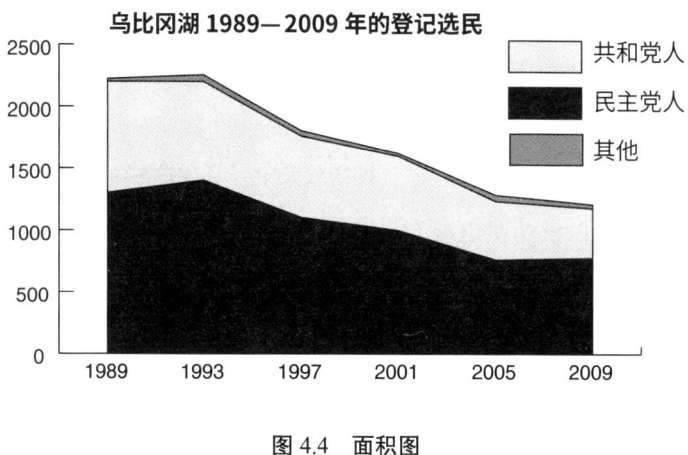

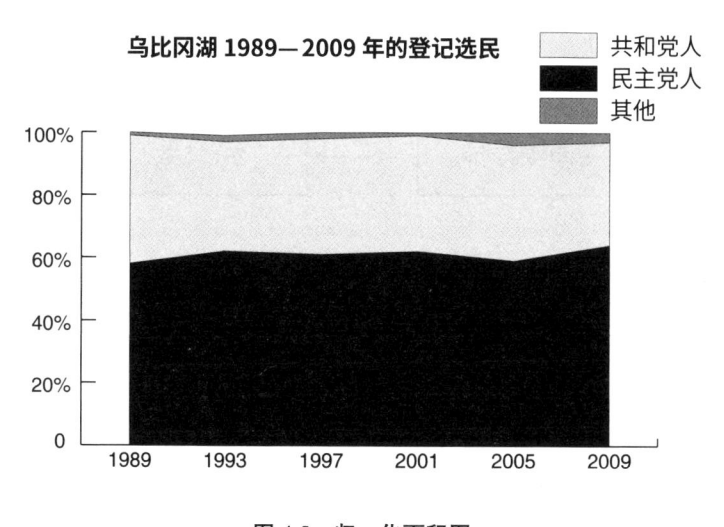

图 4.5 归一化面积图

正如我们之前提到的，Microsoft Excel 是你最有可能已经熟悉并用来制作图表的工具，尤其是因为它非常容易使用。谷歌的 Sheets 应用程序和苹果的 Numbers 也与它类似。然而，所有这些工具都有其局限性，大多数进行深入政治学研究的学者很快就会放弃使用这些初级工具来制作表格或统计图。对于复杂的数据分析和图表制作，有许多更为专业的工具可供选择。政治学家们主要使用 SPSS、Stata 和 R 这三种统计软件。（在这些软件中，R 是免费的，可以说功能也最为强大，但学习起来也最为困难。）

示意图

示意图可以简洁地展示复杂的关系。由于制作示意图需要时间、专业技能和创造力，它们常常没有得到充分利用。而那些简单快速制作的示意图又往往没有必要。以图 4.6 为例。

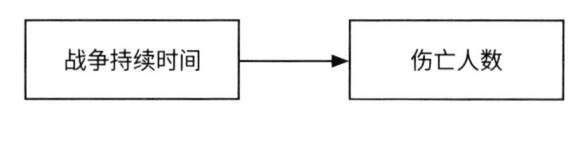

图 4.6　不必要的示意图

虽然在教科书（比如本书）中，简单的视觉元素也可能很有用，但在学术论文里，直接写"战争持续时间越长，伤亡人数越多"会更为高效。此外，由于箭头通常表示因果关系，这个示意图可能会误导读者，除非你确实想表达战争持续时间增加导致伤亡人数增加。但高伤亡人数可能既是长期战争的结果，同时也是导致战争持续的原因。

然而，示意图还是很有帮助的。在政治学的一个领域，示意图的使用非常普遍，以至于人们预期它们会出现，这就是博弈论:"博弈"(game),即不同"参与者"(players)之间战略性、分步骤的行动,通常用博弈树(game tree)来表示(图4.7)。

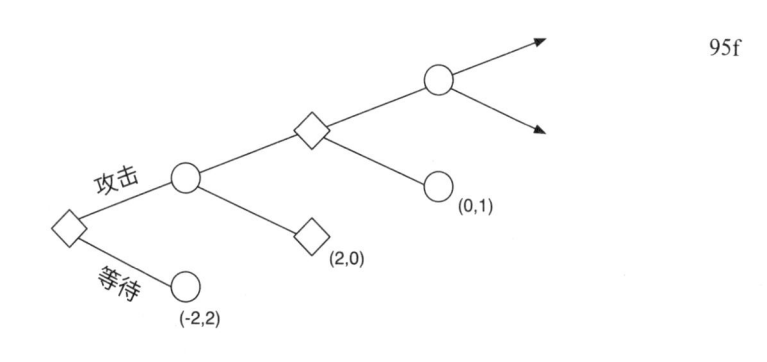

图4.7　博弈树的典型结构

正如我们在第一章所指出的,政治学家经常将复杂的现实世界互动当作博弈来建模。这样的示意图有助于理解政治事件的战略逻辑及其可能的选择和结果。在这个模型中,菱形和圆形代表两个"参与者"。菱形有两个行动选项:攻击或等待(这可能表示某种冲突),而圆形则根据菱形的选择做出反应。当这棵"树"不再分叉时,博弈即告结束。括号内的数字表示菱形和圆形的"收益",代表每个参与者对特定结果的偏好程度。学习解读以至制作这类示意图,是你在某些政治学课程中可能会掌握的技能。

可视化的伦理与修辞

无论使用什么工具(从 Excel 等基本工具开始也没有错),创建统计图都涉及伦理和修辞方面的考虑：你不能误导、混淆受众，也不能让受众分心。

请看图 4.8，它呈现了我们虚构的乌比冈湖学区在过去十年里的 ACT 考试[①]成绩。

乌比冈湖学区的 ACT 考试成绩

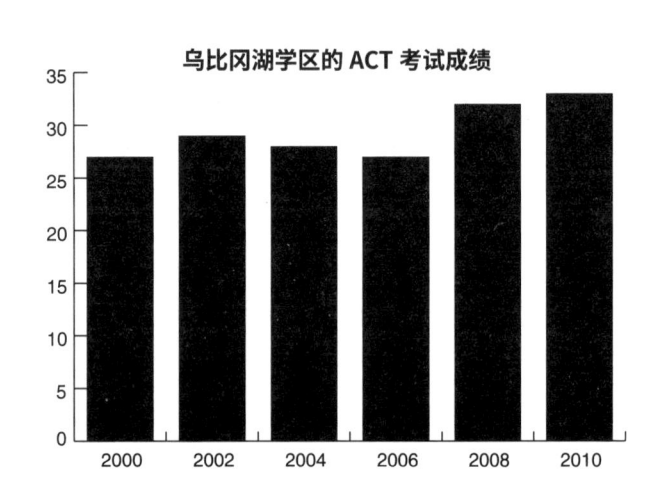

图 4.8 条形图的刻度总是从 0 开始，这在某些情况下可能并不合适

变化明显吗？如果真的想知道这一点，可以进行统计检验，但我们从图中能直接看到什么呢？问题就在这里：因为我们选择的是条形图，所以 y 轴上的刻度从 0 开始。为什么不应该从 0 开始呢？我们知道，ACT 成绩的变化并没有那么大。以这种方式显示数据是不必要的，可以说，这样做无用，甚至具有误导性。如果我们故意选择这种方式，以最大限度降低读者感知数据变化的

---

① ACT 考试（American College Test）即美国大学入学考试，主要评估学生在英语、数学、阅读和科学推理方面的能力，是美国大学的入学条件之一。

能力，这也可能是不道德的。例如，设想 2007 年新聘了一位学区负责人；如果我们不认为他对学生的学习产生了影响，也不希望你这样认为，那么图 4.8 就会诱导你认为我们是对的。

但是，如果将条形图改为折线图，并为 y 轴选择一个体现 ACT 分数合理变化的刻度，例如 15—35，我们就能看到明显的上升趋势（图 4.9）。当然，我们还不知道这一趋势意味着什么。事实上，我们可能需要获得更多的数据（来自其他学区或 20 世纪 90 年代的数据）来理解这一趋势。

乌比冈湖学区的 ACT 考试成绩

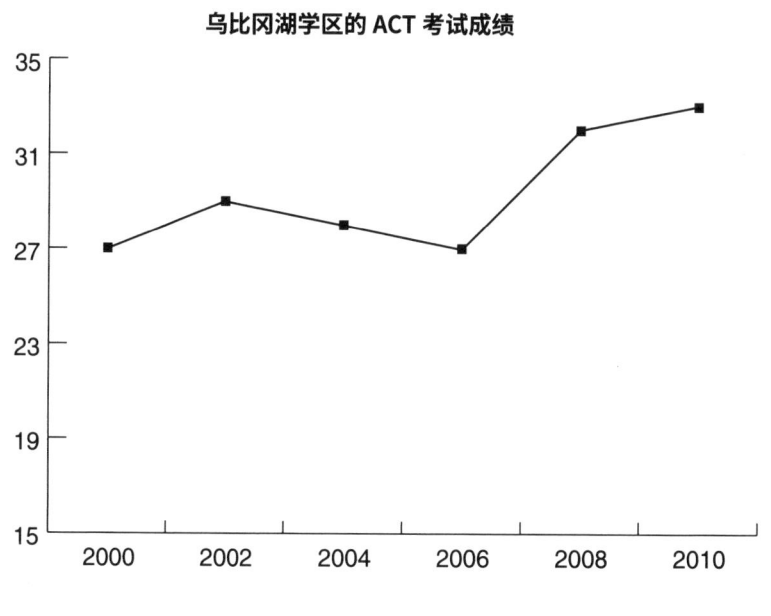

图 4.9　根据合理变化选择刻度的折线图

我们并不是让你选择一个能让数据看起来更有意义的刻度。但遗憾的是，这往往是 Excel 等程序的默认设置：它们假定你希望数据显示的刻度能让差异尽可能明显。因此，记住一个原则：

> 根据你要呈现的数据变化，选择恰当的刻度与单位。

还有一些修辞上的注意事项，它们不像这些伦理问题那么重要，但也同样值得关注。Excel 等软件的另一个问题是，它们提供的默认值经常是错误的。例如，我们在这里制作的统计图都是灰度图（也就是说，除了黑色、白色和这两种颜色的混合色之外，不使用任何其他颜色），这对一本没有彩色的书来说是合适的。我们现在所做的很多工作都在数字世界中进行，所以使用彩色通常非常合适。但请记住，如果必须黑白打印你的作品——比如学期论文，一定不要选择 Excel 默认的彩色选项。

同样，也要避免前政治学家、现数据可视化大爱德华·塔夫特（Edward Tufte）所说的"图表垃圾"（chartjunk）：不要因为三维图表比普通的二维图表看起来更可爱，就选择三维图表。[2] 除了极少数需要三个坐标轴的情况，三维图表几乎不会提高图像的可读性，实际上往往还会使其降低。

> 另一个需要考虑的伦理问题是，你是否应该或可以复制他人制作的视觉材料。在某种程度上，你可以这么做：剪切和粘贴统计图和表格等图像非常容易。而且，只要标明出处，这样做与引用别人的话并没有区别。事实上，将别人的表格或统计图粘贴到你的论文中也是一种引用。
>
> 一些教师认同这种观点。但我们的看法是，你不应该这样

> 做。你可以使用他人的**数据**（只要你标明出处），但剽窃他人的视觉作品和表格，无异于让他人为你完成分析和论证这样的核心工作。

如果你希望提高在社会科学领域运用视觉元素的思维和技能，比像 Excel 这样的现成软件做得更好，有许多高质量的资料可供参考。附录 B 中列出了一些这样的资料。

IMRD 论文

正如我们所指出的，IMRD 论文由几个标准部分组成，每个部分都是为了完成不同的任务。在你最开始几次尝试按照 IMRD 结构撰写论文时，特别是如果你没有读过很多采用这种结构的论文的话，要确保信息各就其位或许会很难，但 IMRD 论文的优势之一就是，不论对于读者还是作者，哪些信息在哪里很快就能一目了然。IMRD 论文的读者一般不会按顺序阅读，而是直接翻到包含他们最感兴趣的信息的部分去读，然后再决定是否阅读其余部分。在接下来的几页中，我们将解释 IMRD 论文中的哪些内容应当放在哪些地方，以及这样做的原因。在开始之前，还应说明，除引言、方法、结果和讨论部分之外，IMRD 论文一般还包括摘要。虽然摘要是读者在发表的论文中最先看到的部分，但我们建议最后再写摘要，因此在本书中我们最后再谈摘要。

我们将提供一篇本科荣誉论文《为谁服务？阿拉伯之春中的军民关系与政权崩溃》（"In the Service of which Master? Civil-

Military Relations and Regime Collapse in the Arab Spring")的简短摘录,来帮助你理解 IMRD 论文的各个组成部分。

引 言

IMRD 论文的引言部分需要完成的任务,与我们在第三章中讨论的引言部分,以及本章前面讨论的研究计划书的引言部分相同:阐述研究问题及其重要性,让读者理解将要进行的学术对话。如果要提出假设,也要一并说明。如果论文篇幅较长,比如我们在这里讨论的毕业论文,那么引言部分很可能会包括文献综述。(我们在第三章中讨论了如何写好文献综述。)

> 该学生是这样提出研究问题的:
>
> 关于阿拉伯国家军民关系的普遍观点是"在政治层面上……武装部队效忠于政权,而非普通国民、民主体制或作为抽象概念的国家"。但在某些情况下[阿拉伯之春期间]军队的行为完全违背了传统观念。因此,我们面临着许多学术研究没能充分解答的问题……其中最重要的问题是:"阿拉伯之春"如何挑战了我们以往对中东和北非地区军民关系的普遍性理解?

	我们自以为的认知
	对我们自以为的认知的挑战
	研究问题

第四章　数据驱动型研究计划书与 IMRD 论文的写作策略

这位学生的文献综述中总结既有研究的部分（该学生将要进入的学术对话）描述了过去关于三个方面主题的理论与研究结果，分别是政权稳定、军民关系和镇压抗议。

下面是该学生完成该部分的示例：

学者们提出的[关于政权稳定的]最常见的理论本质上是**经济学理论**。总体思路比较简单：一个政权如果拥有充足的资金，就能通过金钱收买人心来安抚国民，从而消除国民对于政权更迭的意愿。只要能使公民感到满意，政权可以进行教育、基础设施、就业或其他改善措施的投资。然而，如果政权缺乏资金，就无法靠收买来拉拢民众，只能依靠民众的善意，这就不太可能奏效了。特别是涉及阿拉伯专制政权时，许多学者将其稳定性归因于收买人心。斯文·贝伦特（Sven Behrendt）对主权财富基金（"由国家政府拥有或控制的投资基金"）的研究就体现了这一研究思路。

一般理论

作用机制

具体的学术研究案例

表 4.4 展示了该学生在文章中提出的假设：

表 4.4　该学生的假设

假设 1	保持着更牢固的军民关系的政权最有可能经受住"阿拉伯之春"带来的挑战。
假设 2	愿意对抗议者使用高强度暴力的国家会崩溃，而不使用暴力的国家则会在挑战中幸存下来。
假设 3	使用高强度暴力会导致军队叛变或分裂，进而造成国家崩溃。
假设 4	防政变机制在决定军方对抗议活动的反应上发挥了重要作用。

方　法

与描述别人的研究方法不同的是，你在叙述自己运用的方法时必须足够详细，以便别人能够完全复制这套方法。这意味着这可能是最容易但又最无趣的部分，因为你只需按照你开展研究的顺序描述你所做的一切即可。这里的"一切"指的是所有重要的事情。重要的事情可能不是固定的。例如，对于一些统计学分析，需要说明使用的软件乃至指令，不过你并不需要说明你到底是用了 Microsoft Word 还是 Scrivener 来写的这篇论文。同样，对于实验，记录确切的程序甚至是房间布置都可能很重要，但你一般不需要在论文中报告你在采访实验对象时的穿着打扮。（注意是一般情况下！如果你在流浪者庇护所进行访谈，那么你穿着非正式且经济实惠的服装从而与受访者打成一片可能是明智之举，因此值得说明。）

虽然我们刚谈到，方法部分是最简单的写作部分，但我们也应该注意到，研究工作的可信度取决于"方法"这一节。因此，你需要充分描述选择某种方法的理由。例如，你可以写："为了保证一致性，我们对所有参与者都使用了相同的问题提纲进行访谈。"这既告诉了读者你在研究中做了什么工作，又告诉了读者你为什么这样做。

我们在上文提到，IMRD论文的每个部分都有明确规定的特定作用。在方法部分，你只需要描述你做了什么即可。事实上，你可能注意到我们一直在重复"描述"这个词，这是有原因的，因为你必须避免谈及你的研究发现或人们对你所做研究工作的反馈——这必须留到结果部分。

下面是这篇关于"阿拉伯之春"的论文的研究方法概述，关键方法步骤已标注：

为了验证这些假设，**本文将利用宏观层面的类型学方法**来更好地理解整个地区抗议活动中出现的各种现象。关于在"阿拉伯之春"中到底发生了什么，目前仍存在相当大的分歧，因此，我们希望这些数据至少能从宏观层面上为我们了解"阿拉伯之春"的始末提供清晰的视角。随后，**本文将通过对埃及、突尼斯和巴林等国家的案例研究**，探讨军民关系、国家暴力的使用、叛变和国家崩溃之间的微妙关系……

表1是本文定量分析部分的基础。本文

> 宏观层面的类型学方法

> 案例研究

> 运用关于政权类型、抗议结果、军民关系、暴力程度和军方反应的类型学方法，对各变量进行交叉分析，试图了解各变量之间的相互作用，并揭示政权如何及为何崩溃或存续，以及军方在政权崩溃或存续中所扮演的角色。表1中的各种类型学方法的来源不同，所以需要加以解释。

对宏观层面类型学方法与案例研究国家的交叉分析

之后，该学生继续解释交叉表中的数据来源，并对类型学方法中使用的术语做出定义。例如：

> "暴力程度"的类型学方法使用乌普萨拉冲突数据项目（Uppsala Conflict Data Program）的PRIO数据库。"低"表示死亡人数为1—24人，"中"表示死亡人数为25—999人，"高"表示死亡人数为1000人及以上。"无"表示那些经历过"阿拉伯之春"抗议示威活动但没有任何与抗议活动有关的死亡事件的国家。

结　果

方法部分只需描述你做了什么，而结果部分只需描述你发现了什么，而无须就你的发现的意义进行发挥。（"描述"这个词又出现了。）例如，在访谈或调查中，人们给出了什么答案？你在进行统计分析时得到了哪些数字？

第四章　数据驱动型研究计划书与 IMRD 论文的写作策略

你可以用老电视剧《天罗地网》(*Dragnet*)中的一句话来理解结果部分的内容。那句台词叫："只要事实。"(Just the facts.)这也正是我们的意思：不要解释。

这篇荣誉论文中关于"阿拉伯之春"的研究结果是多维度的，以下只是部分证据的概述：

首先，在整个"阿拉伯之春"期间，暴力的使用显然对政权稳定性有着非常重要的影响，因为只有使用了较高强度暴力的政权才会垮台。无论这是由对现存政权挑战的严重性还是不同政权应对策略的差异所致，暴力显然是"阿拉伯之春"中政权更迭的催化剂。尽管如此，假设2（即高强度暴力会导致政权崩溃）只得到了部分证实，由于数据内部存在较大差异，因此假设2并未得到完全证实。只有当暴力程度超过低阈值时，军队才会成为一个相关变量。在暴力程度低于中级水平时，不存在军队叛变和政权崩溃，这表明只有当暴力升级时，军方才会成为影响因素。假设3（即军队会在高强度暴力的压力下分裂或叛变）似乎是正确的。

假设2：部分证实

假设3：证实

讨 论

到了讨论部分，你终于可以解释你的研究结果了。你的发现有什么更深远的意义？然而，在写这一部分时，用语要小心谨慎——要使用我们在第六章中所说的"模糊限制"（hedging）法——你还需要考虑其他的解释。正如第三章中讨论的选择性引用资料的倾向一样，我们经常会希望忽略结论的模糊性或掩盖理论预设与实际证据之间的不匹配之处。事实上，这种不匹配是常态而非例外。学术成果的可信度源于适度（modesty）：承认"我第三个假设的证据在统计学上并不显著"或"本次调查以大学生作为受访者，这限制了我研究结果的普适性"等，比起坚称你的数据只有一个意义，会让你显得更开明、诚实和缜密。

实际上，所有的讨论部分都应包括两个小节——一个是局限性，另一个是未来研究方向——无论这两个小节是否用小标题单独列出（表4.5）。

表 4.5 讨论部分的规定小节

局限性	你的研究存在的任何缺陷、弱点、不足或障碍。没有完美的研究设计，只是因为我们都没有无限的时间、金钱和知识。因此，你必须指出一两件最重要的、本可以使你的研究更加完善的事项。
未来研究方向	就如何克服你所描述的局限性，以及如何在你已经完成的研究的基础上继续拓展提出建议。

以下是这篇有关"阿拉伯之春"的论文对未来研究的建议，文章着重强调了可能的改进方法：

> 未来的研究可以考虑着眼于［军队、国内安全部队和警察等政治实体的］政治关系及构成，以更好地理解他们对抗议者使用武力的意愿。此外，精英安全部队仍然是个黑箱（这是有意为之），如果可能，未来的研究可以调查其内部结构、招募方式与行动原则。一般来说，阿拉伯国家的军队不会公布涉及其种族、宗教或社会构成的内部资料，因此相关分析者被迫使用"巴林军队以逊尼派为主"这样的笼统说法。虽然获取信息很困难，但这类研究将大大提高政治学界对军队在"阿拉伯之春"等大规模抗议活动中所采取的行动的理解。最后，几乎所有针对"阿拉伯之春"的学术研究都对使用中高强度暴力的案例进行了研究，而那些暴力使用强度较低甚至没有暴力使用的案例基本上没有得到关注。研究是什么让大多数国家没有升级到更高强度的暴力对学者们来说非常重要，由此国际关系学界才能更好地理解如何避免叙利亚、利比亚，以及埃及、突尼斯、巴林和也门等国的形势所导致的死亡与灾难（尽管后四国的死伤规模较小）。

我们经常发现，很多论文的讨论部分几乎是在重复结果部分的内容。这通常是因为，作者在结果部分没有限制自己只描述结果，或是作者忘记在讨论部分提出自身研究更广泛的意义、研究的局限性和未来研究方向了。

摘　要

我们把摘要留到最后来写，因为在撰写论文的其他部分之后再写摘要会比提前写摘要简单得多。摘要应该用一段话概括论文的内容、解释论文的目的，而我们上述每个部分的内容分别只用一两句话概括。摘要应包含以下内容：

1. 研究问题及其重要性
2. 研究方法的核心要素
3. 最重要的研究结果
4. 研究结果的意义

除非论文写作的目的是直接回应某项特定的既有研究（这种情况很少），否则摘要一般不应引用别人的观点，更不应直接照搬别人的话。要用自己的话、尽可能简洁地描述自己的研究工作。（关于如何让文章更简洁，请参阅第六章。）

以下是这篇有关"阿拉伯之春"的论文的摘要，其中标注了上文提到的四个要素：

> 在突尼斯军方抛弃本·阿里总统、结束了他长达三十年的统治之后，中东安全分

析家史蒂文·库克（Steven Cook）调侃道："中东军队不是应该积极镇压反抗活动吗？他们不是应该成为政权的'支柱'、维系政权的最后保障和政治控制的终极工具吗？"所有关于中东军民关系的现有学术研究都指向一个简单但清晰的答案：是的。但随着"阿拉伯之春"的进行，阿拉伯世界出现了两种矛盾的情形：一种是在叙利亚，军方继续在内战中杀害成千上万的叙利亚民众，这符合库克的预期；另一种则是在埃及，军方维护抗议者，拒绝使用暴力，这有力地反驳了库克的观点。本文将分析各政权的军民关系如何决定阿拉伯之春抗议活动的结果，尤其关注作为政权崩溃预测因素的暴力使用强度与军队叛变程度。本文发现，在暴力强度相对较高的情况下，军民关系是政权垮台的有力预测因素，而防止政变的方法虽然能暂时消除政变，但实际上催化了军队的叛变并最终导致政权垮台。

1. 问题

2. 方法

3. 结果

4. 结果的意义

信息过载（Too Much Information，TMI）问题

在日常对话中，当你说"闭嘴！够了（TMI）！"时，通常是因为有人对诸如个人卫生、身体机能、不正常的人际关系等问题说

得过于具体。学术研究也面临信息过载的问题。这虽然通常没有日常对话中的 TMI 那么让人厌恶,但也是一个潜在的问题。

我们前面说过,你必须描述所有与你的研究方法和研究结果相关的细节。但如果你有一份长达 15 页的调查问卷呢?如果你的数据集有 90 个变量呢?如果你为加州的每个郡都分别绘制了统计图呢?对可复制性的要求意味着研究方法与研究结果的呈现应当完全透明,但你也不应该让读者厌烦,从而扼杀他们的阅读兴趣。这时,附录就派上用场了。你可以考虑在附录中完整地提供读者可能想要查阅、但与核心论点不直接相关的信息。此外——特别是如果你已经自己收集了数据并创建了原始数据集——你也可以为这些补充信息创建一个网络存储库,确保在文本中有一个显眼的链接即可。

一般来说,对于任何可能稍有联系但与论证并不密切相关的信息,别忘了使用不起眼的脚注。对本科生来说,脚注是一种未被充分利用的资源。脚注不一定只能用于标明出处,你还可以用它来标记相关的问题或文献,来进行推测;在大部分情况下,还可以用来简短补充题外知识。脚注是一种可以提高研究可信度的方法,因为它表明你对该研究主题的了解并不少,只是篇幅有限,难以展开讨论。

最后的润色:标题与修改

在完成包括摘要在内的所有其他工作后,你需要给论文起一个好标题,并对论文进行彻底修改,以确保论文达到最佳效果。

请参考第三章的最后两节，了解有关标题拟定和论文修改的相关建议。

数据驱动型研究计划书与 IMRD 论文的建议清单

这样做

- ✓ 对你所在领域已发表的论文进行"逆向工程"，以了解应使用哪些类型的方法和数据。
- ✓ 根据你的技能和资源，提出可行的研究计划。
- ✓ 使用适当的视觉元素来表达研究结果。
- ✓ 了解研究计划书和 IMRD 论文的结构，并牢牢遵循。

别这样做

- ✓ 使用不必要、不适当或有误导性的视觉元素。
- ✓ 在结果部分讨论研究结果的意义和局限性。

第五章

读后感、案例研究、倡议性论文与博客文章的写作策略

STRATEGIES FOR RESPONSE PAPERS, CASE STUDIES, ADVOCACY PAPERS, AND BLOG POSTS

正如我们在第三章开头所说的那样,你将要使用我们在第三章中所描述的写作过程中的大部分(即使不是全部)步骤来撰写大量论文,包括"比较与对比"论文、文献综述、研究性论文,以及老师们为帮助你在他们的课程中学习特定知识而创建的各种"学徒练习体"。不过,我们也想为你提供一些写作策略,以应对那些不必遵循上述所有步骤或需要采用其他方法的论文。

读后感

读后感通常相当简短,用来帮助你思考所读内容。它们通常不需要评分,但也不总是这样,当然,无论如何你都得写好。有时,老师会引导你关注文本的某一特定方面来进行回应,也可能只是让你"就今天的阅读内容写一篇一两页的读后感"。

尽管读后感不应是内容概括,它也应该体现出你理解了所读内容中的关键观点。它也应该被当作一篇"真正的"论文来对待,即它应该有一个引言和结论,无论它们多么简短。有一种写读后感的简单明了的开篇方式,可以清楚地表明你已经理解了所读内容,那就是写一句包括作者姓名、文章标题和论证要点的话。例如："在《像女孩那样丢球》（'Throwing Like a Girl'）一文中，艾里斯·玛丽昂·扬（Iris Marion Young）认为，男女在运动方式上许多所谓生理差异，实际上是内化的性别规范所造成的。"

读后感中的大部分篇幅应留给回应。如果你没有得到关于提供何种回应的具体指示，那么你可以将这篇文本的主旨与你在课堂上读过的其他文章联系起来，或者写一写这篇文本的主旨如何适用于或不适用于与你的课程相关的政治学问题。你也可以谈谈你觉得奇怪、有趣或有用的地方——记住，你是在参与学术对话。[换句话说，除非有特别的指示，否则你应该提出想法（ideas），而不是意见（opinions）。如果你不清楚我们的意思，请参阅第二章"意见有什么问题？"的方框。]

以下是我们经常看到的几种读后感类型的示例，但你应避免撰写这类读后感。首先，**你不应该把重点放在表达文本是多么具有挑战性上**（除非这就是实际的任务）：

> 我很难理解艾里斯·玛丽昂·扬的文字。我觉得她的文章太深奥了。

你并没有就这篇文本告诉读者任何有价值的内容。（我们并不是阻拦你告诉老师你在阅读和理解文本时遇到的困难。我们只是说，读后感的写作目的一般不在此。）

你同样应该避免下面这种基于自身意见的读后感：

> 我喜欢艾里斯·玛丽昂·扬的论文，因为我相信性

别差异并非基于生物学。

这种读后感陈述的是一种偏好而非想法——因为作者同意这篇论文的观点,所以作者"喜欢"这篇论文。

那你该怎么做呢?下面是一个在读后感中阐述**与阅读材料有关的想法**的例子:

> 如果艾里斯·玛丽昂·扬是对的,那就说明我们都已学会如何以性别化的方式运动了,同时我们也应该能够学会以不同于性别化的方式运动;由此便产生了一个问题:以另一种方式运动,会产生多大的政治影响?

如果你在提出自己的回应时遇到困难,这个例子为你提供了一个策略:与其去想你是否同意所读的内容,不如去问这个论证为何重要,以及如何产生影响。

与引言一样,结论可以短至一句话,但必须有。如果结论是开放式的也没关系——这正是此类写作的本质。例如,你可以提出受到所读文章的启发而产生的一个研究问题,或者指出读后感中因篇幅限制没能展开论述的含意。

第五章 读后感、案例研究、倡议性论文与博客文章的写作策略

读后感的建议清单

这样做

- ✓ 表现出你已经明白了你所读的内容。
- ✓ 在文中包含引言和结论部分。

别这样做

- ✓ 提出意见（opinions）而非想法（ideas）。

将理论应用于案例

"理论与现实世界"类型的论文通常要求你思考某一理论在多大程度上能够解释现实世界中某一个或一系列特定案例。这类论文的一个目的是确定你在多大程度上理解了某个理论，另一个目的是锻炼你的分析能力。因此，在写这类论文时，首要任务是尽可能准确地描述你将使用的理论，第二项任务则是充分思考你的案例的特征是否可以被该理论解释。

你可能需要为这类论文自己寻找案例，或者将对该理论的批评性观点纳入考虑范畴，但在大多数情况下，你不需要做那种需要查找外部资料的研究。不过，你可能被要求考虑多种理论如何适用于一个案例，或者一种理论如何适用于多个案例。如果是这样，我们建议你回顾一下第三章中关于如何在论文正文中进行比

较的部分。如果你处理的是单一理论和单一案例，通常最合理的做法是先解释所有理论适用于案例的方面，然后再解释理论不适用的方面。

在撰写此类论文时要避免的一个错误是，假定理论的各个方面都适用于案例，而你只需要弄清楚如何适用即可。你的任务不是强行让案例去适应你的理论，而是判断理论在哪些方面可以解释案例，而在哪些方面不能解释，并从中有所收获。撰写这样的论文有助于你更好地理解案例。更有趣的是，从参与学术对话的角度来看，它还能让你发现理论可能需要改进的地方。这些见解有助于你回答我们在第三章中讨论的"所以呢？"问题。

将理论应用于案例的建议清单

这样做

✓ 考虑理论与案例之间的不匹配，提出改进理论的方式。

别这样做

✓ 假定理论的各个方面都适用于案例。

倡议性论文

与大多数其他政治学写作的目的不同，倡议性论文是为了说

第五章 读后感、案例研究、倡议性论文与博客文章的写作策略

服读者采取具体行动而撰写的。我们曾在第一章中说过,倡议性论文包括政策备忘录和专栏文章,它们之间的主要区别是目标受众:政策备忘录的受众可能已经在相关领域拥有相当丰富的专业知识,专栏文章的受众则更有可能是几乎没有专业知识的普通读者。政策备忘录可能会就本国对另一个国家的军事或经济干预向国务院官员提出建议,而专栏文章可能会试图说服公众支持一种干预措施而非另一种,还会说服他们就此事向国会代表写邮件。

倡议性论文与传统的"学术"论文有许多共同之处。其中最重要的一点是,你需要尽早提出你的主要观点。真正的政策备忘录通常有一个非常简短的部分,被称为"内容提要"(executive summary),因为真正的决策者——高级行政官员——没有时间阅读整份备忘录,他们只需知道需要做什么,以及为什么要这么做。无论你的写作任务是否明确要求你撰写"内容提要",我们都建议你像要写这个部分一样开始动笔。这个部分可以很短:

> 去年,Bajikistan 对其少数民族 yoighur 的暴力迫害增加了 200%,并有演变为种族灭绝的风险。鉴于 Bajikistan 对美国的战略意义以及促进改善该地区人权的重要性,我们主张对 Bajikistan 的政治精英实施经济制裁,并增加在该地区的军事力量。

成功的专栏文章往往遵循同样的惯例。尽管专栏文章与新闻报道不同——"专栏"(op)代表"意见"(opinion)——但专栏文章与新闻报道遵循相同的惯例,即"开门见山"。

无论是撰写政策备忘录还是专栏文章，倡议性论文的其余部分都是在为"内容提要"所建议的政策提供论据。尽管文章的具体结构会因为篇幅和老师的具体要求而相应地有所不同，但以下内容一般都很重要：

- 为什么这个问题很重要？和我们在第三章中讨论的传统学术论文不同，这里对"所以呢？"问题的回答纯粹与现实世界有关。国务卿或《弗雷斯诺蜂报》(*Fresno Bee*) 的读者并不关心你的文章是否参与到了政治学领域的辩论中。
- 有什么理由和证据支持你的建议？由于这类论文的受众不同，你使用、讨论甚至引用证据的方式通常与更加学术性的论文不同。但你仍然需要为你的主张提供支持。在政策备忘录中，学术性文章的引用惯例是可行的，但在专栏文章中就不行了。（你见过很多报纸文章有脚注或参考书目吗？我们也没见过。）在专栏文章中，只需在"正文"中提及作者和资料来源即可："政治学家罗伯特·阿克塞尔罗德（Robert Axelrod）认为……"
- 你的数据应该如何呈现？政策备忘录与传统的学术著作一样，经常以图表的形式呈现数据，而专栏文章则较少使用图表。而且，考虑到受众，政策备忘录和专栏文章都不可能包含数学模型或回归分析表（有关图表的信息，参见第四章）。
- 不同意你观点的人会怎么说，你会如何回应？在倡议性论文中，考虑反对意见尤为重要。在政策备忘录中，这一点很重要，因为决策者需要确信所有合理的替代方案都已考虑在内。在专栏文章写作界中，文章之所以能够发表，正是因为其在有争议的问题上表明了立场：你写文章是因为你知道有人不同意你的观点。如果你假装无人反对，你的文章就会失去说服力。

"倡议"和"意见"这两个标签似乎是在让你去做我们在第二章"意见有什么问题？"部分中明确反对的行为。但事实并非如此。倡议性论文需要的是基于理由和证据的倡议和主张，而非个人的好恶。因此，即便你对这一议题有很大热情，保持冷静的语气也是很有帮助的。倡议性论文不是政治宣传册。专栏文章相比政策备忘录有更多接纳热情的空间，但如果你表现得像一个愤怒到无法理智思考的狂热分子，这也对确保你的可信度毫无帮助。

倡议性论文的建议清单

这样做

- ✓ 开门见山地提出主要观点。
- ✓ 考虑反驳意见。

别这样做

- ✓ 提出意见而非想法（即便是专栏文章）。

博客文章

博客可以在课程中发挥多种不同作用。它们既可以作为写读后感或开展其他类型头脑风暴的平台，也可以作为课程中学生们进行讨论的平台。我们将重点讨论那些要求你真正投身博客圈（或者至少好像真的在写博客一样）的作业。换句话说，我们将把博客圈作为一种写作体裁来讨论。

当然，博客圈不只有一个；有时尚博客、体育博客、旅游博客、中世纪研究博客和政治学博客，这些博客的写作惯例略有不同。因此，面对博客作业时，你首先应该知道的是，老师希望你写的是什么类型的博客，以及老师是否能为你提供范例。也许老师希望你的博客能像"猴笼"（The Monkey Cage）（www.washingtonpost.com/monkey-cage/）那样——"猴笼"现在已经由《华盛顿邮报》联合发行，专业的政治学家也会积极投稿。或者，老师希望你的博客有更多的"政治性"，而"科学性"可以略少，就像你可能在 Daily Kos（www.dailykos.com）或 Politico（www.politico.com）等高知名度的博客上看到的博文那样。无论老师的具体期望是什么，以下几点对于政治学学术博客一般都很适用：

- 博客在一定程度上是一种视觉媒介。因此，你需要考虑融入视觉元素，无论是照片和其他图片，还是数据和图表。（不过要注意知识产权问题，我们稍后会提到。）你还需要学会如何嵌入图片，以增强文章的视觉吸引力，而不是分散读者注意力。例如，你不能像图 5.1 那样将图

第五章 读后感、案例研究、倡议性论文与博客文章的写作策略

片放在中心位置，

位置不佳的图片！

图 5.1 博文中位置不佳的图片

而周围留出大量空白。相反，你需要调整对齐方式（左对齐或右对齐，也可能是居中对齐），让文字"环绕"在它们周围，如图 5.2：

位置较好的图片！

图 5.2 博文中较好的图片位置

- 即便是学术类博客，在引用资料来源时通常也使用嵌入式超链接，而不是脚注、文内引用或参考书目。博客文章通常会在开头附近用嵌入式超链接引用其他博主或新闻报道来开启特定的对话，也会用超链接引用其他资料来源。你需要将这些链接嵌入你使用的文字中，而不是直接将 URL 粘贴到文字中。因为本书不包含超文本内容，所以我们必须在括号中加上"猴笼"的网址；但如果这

是数字媒体平台的文本，我们就会把 URL 嵌入"猴笼"两个字中。当你引用一个不能直接以数字方式访问的资料来源（比如一本书）时，你通常要提供一个链接，指向图书馆网站或电商平台上该书的条目。

- 如果你撰写的博客是公开的——因此你的父母和你未来的雇主都可以阅读！——请记住，如果你不告诉读者，他们就根本不会知道你的课程中发生了什么。因此，不要说"正如施尼泽尔（Schnitzel）[①]教授上周指出的……"或"扬的论证似乎很奇怪"之类的话。相反，你要先告诉读者："在上周的政治学课程中，施尼泽尔教授介绍了'集体行动问题'（collective action problem）这个概念"或"在《像女孩那样丢球》一文中，艾里斯·玛丽昂·扬认为……"，然后说你想说的话。

- 许多老师将写博客视为"低风险"的任务：与读后感一样，目的可能只是让你思考。因此，文章的评分可能只是及格或不及格，老师在批阅时也可能不太注重句子结构与行文等具体细节。这对你和老师都很好；我们当然认为这类作业很重要，并且我们自己也经常布置这类作业。但是——特别是在撰写公开博客时——请记住，仍然需要努力让文章符合优秀写作的标准：在开始写作之前想

[①] schnitzel 意为"炸肉排"，是一种盛行于奥地利和德国等国家的美食，原料通常为口感嫩滑的牛肉、猪肉或鸡肉，将其切成薄片后，裹以面屑炸制而成。作者在这里将这位假想的教授冠以 Schnitzel 的姓氏，或许是出于幽默，又或许是因为作者很爱这种美食。

好要说什么，必要时进行修改，并校对你所写的内容。
- 即使是在博客圈，理由和证据也比单纯表达好恶更宝贵。学术博客圈更是如此。没错，我们都知道博客圈充斥着大吼大叫、人身攻击和挑衅（蓄意破坏对话、贬低他人或他人观点）。如果老师在课程中让你使用博客，那么他们的关注点不太可能是让你练习挑衅技巧。与政治学论文甚至倡议性论文相比，博客当然允许发表更多的个人观点与意见，但个人观点一般不是博客作业的重点。这在政治学中似乎很奇怪——我们许多的政治讨论不都是关于个人观点和信念吗？不过，我们还是建议你采用我们就各种体裁的政治学写作所提倡的原则：最重要的不是你相信什么（你可以持有任何观点），而是什么理由使这种信念合理、有趣或有价值。

关于博客和知识产权的注意事项

我们生活在一种盛行重组（remixing）、采样（sampling）和病毒式迷因（memes，俗称"梗"）的文化中：借用他人的想法、图像、文字或音乐片段，尤其是在互联网上，被视为一种合理的行为。我们中的许多人认为，这种借用文化很有趣，甚至很好；但在法律上，这是一个灰色地带。从法律上讲，许多互联网上的借用行为并不属于合理使用（fair use）的行为范畴。合理使用是一项法律规定，它规定了某人能否以及如何使用他人的知识产权。

这给课程博文的写作增添了难题。我们之前说过，你应该在博文中使用视觉元素。但问题是，你可以使用哪些图片呢？严格来说，你只能使用你自己拥有知识产权的（即自己创作的）或你已获得使用许可的材料。如果一张图片受版权保护或在受版权保护的页面上——也就是说，你会在页面的某个地方看到熟悉的 © 符号——你在公开博文中使用它的唯一方法就是写信给版权所有者并申请许可。但问题是，你有多大可能在明早截止的课程博文中这样做呢？如果你和我们认识的大多数学生（以及各种人）一样，这根本不可能。

那么，怎样才能既让你的博文看起来生动有趣，又不会给你自己、你的老师甚至学院带来麻烦呢？以下是一些建议：

- 将政治学博客作为培养自己艺术素养的机会：使用自己制作的照片或插图。（但请记住，如果你拍摄的是受版权保护的物品，你对自己的照片拥有版权，但该物品的所有者保留其对该物品的版权。）
- 使用公共领域的图片。例如，美国国会图书馆（www.loc.gov）中的大部分资料都属于公共领域，可以免费使用。谷歌的图片搜索允许你指定搜索条件，只检索可以免费使用的图片。（但不要盲目相信谷歌：仔细检查你感兴趣的图片是否真的有使用许可。）
- 使用有"知识共享"（Creative Commons）（creativecommons.org）许可的项目。"知识共享"是一项替代旧有版权观念的许可制度。它明确针对我们的"借用文化"，因此比版权更加灵活。当你看到一个内容附有类似图 5.3 的标识时，你就会知道它通过了"知识共享"许可而且可能可以使用。"知识共享"许可并不意味着你可以随意使用该内容；会有特定的许可代码表明你可以怎样使用该内容，这些许可代码在"知识共享"网站有解释说明。在任何情况下，你都必须至少标明内容许可证的所有者。

图 5.3 "知识共享"许可标识

参与"知识共享"的人们有一个正确的观念：即使是可以免费使用的东西，也必须标明出处。这是一种很好的法律、道德以及知识层面上的实践。

博客文章的建议清单

这样做

- ✓ 纳入视觉元素。
- ✓ 使用链接来引用资料来源。

别这样做

- ✓ 写下任何你不想让父母或未来雇主读到的内容。
- ✓ 未经许可使用受版权保护的图片。

第六章

风格即意义

STYLE IS MEANING

123　如果你最近上了不同学科的课程，你可能已经注意到人文学科、社会科学和自然科学的风格差异。然而，尽管人人都能看出化学实验报告和比较文学论文之间的风格差异，但在这些宽泛的学科类别内部也存在较小的风格差异。在本章中，我们将概述政治学中常见的风格规范。我们还将就如何清晰行文提出建议，并介绍一些你需要避免的常见错误。

路标语

　　尽管学生有时认为，为了给主要观点做铺垫，他们需要在表明自身观点前，先提供所有必要的、能够支持或解释他们主要观点的信息，但政治学家们并不喜欢被"吊胃口"：他们希望一开始就了解你将为学术对话做出怎样的贡献。从风格上讲，大多数政治学写作都会不断设置"路标"：作者通过尽早地、频繁地表明自己的意思来让文章表达的内容清晰明确。"路标"一词正如其字面意思：它让读者知道论文将朝哪个方向行进，并告知读者
124　研究与写作沿途可能会走的弯路（图6.1）。这意味着你需要尽早阐明你的论点或假设——如果论文篇幅较短，最好在第一段就明

确,最迟也必须在引言末尾处点明。这也意味着,你绝不应该让读者疑惑,你到底会不会抽空谈论某个关键观点或针对你论点的某个主要反对意见。例如,本章第一段的最后两句便是一个路标语,告诉你如果继续读下去,你会了解到什么(常见的风格规范、如何清晰行文,以及要避免的错误)。

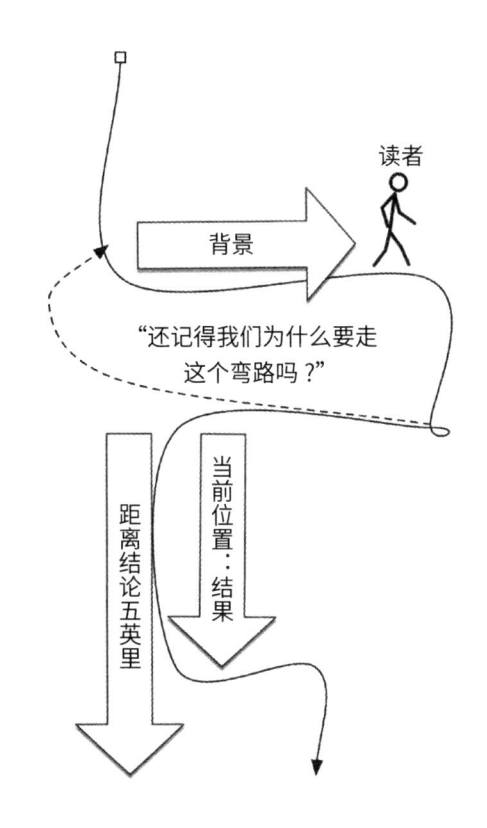

图 6.1 路标语让读者了解论文的走向及其原因

> **路标语**可以让读者知道论文将朝哪个方向行进,并告知他们沿途要走的弯路。

125 　　如果你翻到本书每章的第一页，你就会发现每章都有一个路标语，这个路标语会告诉你在该章中可以找到什么。在其他地方，我们也会让你知道，你可以通过参阅其他章节来了解更多关于某些主题的内容。例如，在第一章"政治学写作的常见体裁"一节的末尾，我们提到，我们将在第二章进一步讨论我们称之为"学徒练习体"的内容。

　　路标语也可以指向前面的章节。这些路标语通常以"正如我们在第一章中提到的……"这样的短语开头，其目的是提醒读者注意论文中已经出现过的概念或观点，从而不必再次详细介绍。指向前文内容的路标语还可以确保读者知道，你再次提到某个话题时知道自己已经谈过这个话题了，这样读者就不用担心你会重复自己的观点，或者论文的其他部分会杂乱无章。这种做法能让读者知道，你在非常谨慎细致地为他们规划路线，而且你会追踪沿途的每一步，以确保他们不会迷路。

> 我们已经指出，写作是一个递归的过程，在写作过程中，你应该预期你计划要表达的大部分内容会发生变化。如果不多留心，路标语可能会暴露出你的文章缺乏修改校正。（你可能会在引言中说"下一节"会讨论一个问题，但当你回头修改论文时却发现这个问题直到三节之后才出现。）因此，在提交论文之前，请确保路标语与作品的实际内容一致。

过渡语

跟路标语一样，过渡语通过在已经说过的内容和接下来要谈的内容之间建立联系来引导读者。它们通常出现在段落或句子的开头。（标题也可以作为醒目的过渡语，帮助读者跟上你的论证。标题在较长的论文中尤其有用）。

好的过渡语可以展示思考的方向；它可以让读者知道你是在提出一个观点、限定一个观点，还是在转向一个新的观点。例如，"此外"（furthermore）意味着你是在基于你刚刚提出的主张作进一步阐述，或是对其进行强化，"然而"（however）则表示你在提出警告或反对意见。"另外"（alternatively）则告诉读者，你将提出一种新的可能性。

下面是一篇毕业论文中的一个段落，其中每个句子之间都有清晰的过渡：

以往有关拉美裔选民动员的学术研究表明，与类似或相同的英语政治广告相比，西班牙语政治广告在动员某些拉美裔选民群体方面更为有效（DeFrancesco Soto and Merolla 2006）。**然而**，关于这一主题的现有研究大多是观察性的，研究的是特定媒体市场或竞选活动中西语广告频率与投票率之间的自然关联。**由于观察性的研究**无法确凿证明广告语言本身的因果影响，因	提出关切 详述这一关切的含意

而通过严谨的实验测试来证实广告语言的重要性，将有助于增进我们的理解。**其次**，与此相关的是，这些影响背后假定的因果机制尚未得到验证。**一方面**，正如 DeFrancesco Soto 和 Merolla（2006）所指出的那样，语言本身可能作为一种身份线索（identity cue），能够拉近同族的拉美裔与广告赞助商的距离，不论广告信息中的具体问题内容是什么。**如果是这样**，西语身份线索可能会增强广告的效果，尤其是在有高度身份认同感的拉美裔选民中。**然而**，也有另一种可能：对拉美裔身份认同的激发，会让有高度身份认同感的选民重新支持他们一贯倾向于支持的候选人和政党，也就是美国的民主党（Lopez and Barrera 2012）。**这就意味着**来自民主党的信息在使用西语身份线索时会有先天优势，因为如果共和党人使用这些语言线索来激发这些选民的拉美裔身份认同感，就会有提高他们对民主党的支持率的风险，即使他们在广告中明确批评了民主党也是如此。

> 提出另一个相关的关切
>
> 以第一种方式思考关切 2 的含意
>
> 提出思考关切 2 的一种方式
>
> 提出思考关切 2 的另一种（不兼容的）方式
>
> 以另一种方式思考关切 2 的含意

你可能已经注意到，作者在上面的段落中使用了两次"然而"一词。这很好，但如果每页都出现两三次，我们可能会开始觉得重复单调。在表 6.1 中，我们推荐了政治学写作中一些常用过渡语的变体。

表 6.1 常用过渡语

然而（however），但（yet）， 尽管如此（despite this），不过（nevertheless）	用于提出保留意见、担忧或警告
显然（clearly），的确（indeed）， 当然（certainly），事实上（in fact）	用于强调
例如（for example），比如（for instance）， 尤其（in particular），特别是（specifically）	用于引出例子
另一方面（on the other hand）， 相反（in contrast），或者（alternatively）	用于介绍替代方案
这表明（this suggests），这意味着（this implies）， 因此（therefore），所以（thus）	用于介绍含意
同样地（similarly），以同样的方式（in the same way）， 类似地（likewise）	用于提出相似之处

模糊限制

政治学论文的作者会审慎表明立场以保证可信度。明确提出自己的主张固然重要，但同样重要的是不要夸大自己的主张或研究结果的确定性。与数学不同，政治学不是一个可以进行"证明"的领域（"证明"政治学数学模型的内在一致性是唯一的例外），与其他学科的写作相比，政治学写作往往带有更多"模糊限制"的主张。[1] "模糊限制"的意思是限制或弱化一个主张。也许具有讽刺意味的是，在政治学中，一个人的论证力度往往会随着其主张强度的弱化——至少是适度化——而增强。过于强烈的主张听起来不那么客观；如果作者不愿意接受质疑，那么其论证看起来更像是其个人信念或政治承诺的产物，而不是可检验的理论。表明立场的常用词和短语之间的差异往往很微妙，一开始可能很难察觉（如果你的母语不是英语，就更难察觉了）。接下来我们将举例说明。

虽然主张的提出一般会贯穿整篇论文，但在这里我们要**重点讨论三个提出主张的关键节点：**

1. 在引言中提出论点或假设。
2. 将自己的研究路径与他人的研究路径相区分。
3. 解释结论。

缺乏经验的作者非常容易在引言和结论中断言他们"将证明"或"已经证明了"什么。若要指我们能从政治和社会现象中发现的模式，用"证明"（prove）一词实在有些强烈了。"证明"意味着不可能出现偏差。这种严格的规律性只存在于数学和逻辑概念之间的关系中，而不存在于人际关系中。

那么，在政治学研究中你可能能做到什么呢？你或许可以"显示"（show）或"揭示"（demonstrate）一种模式或关系存在于多种环境中（例如多个时间段或多个国家）。也许听起来不是这样，但"显示"和"揭示"都表明了一种相当强烈的立场。如果你说你已经"揭示"了某件事，你实际上就是在相当自信地断言你的结论。一个更安全的动词是"表明"（suggest），它可能让你不那么容易成为那些不同意你所持观点的学者的众矢之的。如果你说你的研究结果"表明"你发现了一个学界应当注意的新现象,那么你的立场是适中的,因为你指出的是一种可能性,而非确定的结论(表 6.2)。

表 6.2　动词与模糊限制

模糊性最弱				模糊性最强
证明 (~~prove~~)	揭示 (demonstrate) 显示 (show)	似乎揭示 (appear to demonstrate) 或许显示 (may show)	表明 (suggest)	或许表明 (may suggest)

当然,所有这些可选的词语都可以进一步进行模糊限制:与"该数据显示(shows)"和"该数据揭示(demonstrates)"相比,"该数据似乎显示(appears to show)"和"该数据似乎揭示(seems to demonstrate)"显然不那么强硬。同样,"这可能表明(may suggest)"是"这表明(suggests)"的一种更谨慎的变体。

模糊限制语还可以得到加强:"这强烈地表明(strongly suggests)"比"这表明(suggests)"更激进一些,而"该数据清楚地显示(clearly shows)"则是相当有力的宣告。

将你的方法或立场与其他人区分开来是一件棘手的事情。毕竟,你不想冒犯任何人,至少通常不会。模糊限制可以帮助你避免这种情况。假设你想论述一个你认为完全错误的论点。一般来说,在文中直接宣称"X、Y和Z完全错误"不会有任何说服力,无论是对X、Y和Z,抑或是对读者来说都是如此。相反,你可以试着这样说:"X、Y和Z认为橘子是最有政治意义的水果。然而,尽管他们比较了橘子、苹果和香蕉,但猕猴桃仍有待检验。因此,对橘子和猕猴桃进行直接比较可能会为这一问题提供新的视角。"有经验的读者会明白,你的意思其实是"X、Y和Z完全不正确",但他们会因为你没有单刀直入地表达态度,而钦佩你表现出来的语言技巧与风度(表6.3)。

表6.3 表达反对意见的不同方式

十分冒犯人的直接反对方式	得体(模糊限制)的反对方式
"X关于橘子的说法完全错误。"	"X提出,橘子是最有政治意义的水果。然而,其他水果还有待检验。"

再来看看我们之前看过的毕业论文选段如何运用模糊限制语:

以往有关拉美裔选民动员的学术研究表明,与类似或相同的英语政治广告相比,西班牙语政治广告在动员某些拉美裔选民群体方面更为有效(DeFrancesco Soto and Merolla 2006)。**然而,关于这一主题的现有研究大多是观察性的**,研究的是特定媒体

> X表明……

> 然而,其他(非观察性)的方法仍有待检验。

市场或竞选活动中西语广告频率与投票率之间的自然关联。

正如你所看到的,对既有研究做出恰当的模糊性回应,取决于对动词["表明"(suggests)而非"声称已经显示"(claims to have shown)]和过渡语["然而"(however)或"但"(yet)而非"相反"(on the contrary)]的精心选择。如果你发现自己很难做到得体,想象一下你正在回应的作者有一天会读到你的论文。如果还是不行,那就想象他/她会先读你的论文,再决定是否给你一份工作。

清晰行文

在本节中,我们将花一些时间讨论如何清晰行文。当然,我们没有时间涵盖一个人可能想知道的所有有关清晰写作的知识,因此我们在这里将重点介绍两个部分,即通过设置语境和强调新内容来帮助读者关注你的观点,以及通过选择特定的动词来避免含混不清。我们知道很多学生写作时会对主动语态和被动语态的区别有疑问,因此我们也会对此进行解释。句子构建得当,动词选择精准,对提高写作的清晰度很有帮助。

语境与强调

不为你的论证设置语境很容易让读者感到迷惑。我们在讨论引言写作时没有使用过"设置语境"这种表达，但这正是引言的作用：它为读者提供所需的背景信息，使其了解论文的内容，以及论文为何重要。相比之下，强调可以让读者了解你正在做的研究和写作有什么新颖和重要之处。

乔治·戈朋（George Gopen）和朱迪思·斯旺（Judith Swan）认为，[2] 当你在（一篇论文、一个段落或一个句子的）开头设置语境，并在结尾处强调新内容时，读者最容易吸收你要说的话。这就是为什么你要在结论中回答"所以呢？"问题：这样做可以强调你所做的研究有何贡献。

为了了解设置语境与强调是如何起作用的，让我们重温一下第四章中毕业论文引言中的一句话：

关于阿拉伯国家军民关系的普遍观点是"在政治层面上……武装部队效忠于政权，而非普通国民、民主体制或作为抽象概念的国家"。**但在某些情况下［阿拉伯之春期间］军队的行为完全违背了传统观念。**	关于阿拉伯军民关系的常见传统观点＝你需要知道的背景 新信息：因为需要解释所以强调

如果这位学生反过来写，这个句子不仅会让人感到困惑，而且会失去很多活力。请你思考一下这种变化：

在"阿拉伯之春"中，军方的行为完全违背了传统观念，这出乎人们的意料，因为普遍观点是"在政治层面上……武装	这里读者或许会想："等等！什么传统观念？"

部队效忠于政权，而非普通国民、民主体制或作为抽象概念的国家"。

> 现在，读者关注的是这个已经过时的观点，而非作者提出的值得关注的问题。

这一理念对整篇文章中所有的句子切换均适用：读者理解下文所需的旧有信息应放在开头，而想强调的新信息或新观点则应放在结尾。

选择准确的动词

与句子结构一样，动词在读者理解作者意思的过程中起着重要作用。例如，思考动词"写道"（wrote）与表6.4中列出的可替代动词之间的区别。

表6.4 可替代"写道"（wrote）的动词

写道（wrote）	论证（argued） 分析（analyzed） 批评（criticized） 描述（described） 驳斥（debunked） 倡议（promoted） 讥讽（ridiculed）

"写道"实际上只是指一位作家写作了文章的内容。它并没有告诉我们作者这样写的目的。

一篇论文如果以"托马斯·霍布斯在《利维坦》中写到

（wrote）了社会契约"这样的句子开头，那么它开头的节奏就太慢了。作者还不如写："霍布斯的书中有关于社会契约的内容。"霍布斯写了什么内容？我们必须等读到下一个完整的句子才能知道。而选择更具体的动词往往可以让句子更清晰、更高效。例如："在《利维坦》中，托马斯·霍布斯为社会契约辩护（argued）。"

除了帮助读者了解另一位作者的作品背后的议程，动词还可以表明你对另一位作者观点的立场。"断言"（asserts）、"陈述"（states）、"论证"（argues）、"暗示"（implies）、"声称"（claims）、"提出"（suggests）和"注意到"（notes）等动词都可以用来告诉读者别人说了什么。(例如："琼斯断言/陈述/论证/暗示/声称/注意到，全球化程度的日益加深对多个运输行业产生了不利影响。")然而，它们对所表达的观点有不同的评价（表6.5）。

表6.5 表明不同立场的动词

肯定立场（将观点视为事实）	注意到（notes）
中立立场	陈述（states） 论证（argues） 提出（suggests）
略带否定的立场（表示持怀疑态度）	断言（asserts） 声称（claims） 暗示（implies）

当你听到"注意到"表示同意，而"暗示"表示不满地扬起眉头时，你或许会感到惊讶。但从前面关于模糊限制的部分中，你可以清楚地了解到，你不太可能遇到一个感情色彩超过略带否

定或微带肯定的立场动词。

主动语态与被动语态

你可能在英语写作课程中学过，应避免使用被动动词（或"被动语态"），事实上，在很多情况下，用主动动词造句确实更加有效。但有时候，被动动词也是合适的选择。要厘清这个问题，我们首先应该确认你知道什么是被动句式，什么不是。很多人认为任何含有"to be"动词（"is""was""are"或"were"）的句子都是被动句，但这并不正确。被动句以行为承受者作为主语；事情是做给某人或某物的，而不是某人或某物在做什么。所以这个词是"被动的"。下面是几个例子：

Ten respondents were interviewed.（十名受访者接受了访谈。）（被动语态）

We interviewed ten respondents.（我们采访了十位受访者。）（主动语态）

请注意，上面的第一句中缺少了动作的执行者（我们）。相反，请看下面的句子：

Ten respondents were hungry.（十位受访者感到非常饥饿。）

这句话使用了一个"to be"动词（were），但这个句子并不是被动句；受访者并不是缺失的行动主体的行为对象。辨别被动句和单纯包含"to be"动词的句子的方法之一是在句子中加上"by"，看句子是否合理。["Ten respondents were interviewed **by the researchers**"（十名受访者接受了**研究人员**的采访）是合理的；而"Ten respondents were hungry **by the researchers**"（十名受访者被**研究人员**饿到了）没有意义。]

关于被动语态的使用，各学科均有自己特定的要求：一些自然科学领域的作者和读者认为，在讨论中应当尽量不涉及研究人员，重点应当放在发生了什么和发现了什么上，而不是谁让它发生和谁发现了什么，这些领域的从业者认为这样听起来更客观。在这种情况下，你会遇到这样的句子："An experiment was conducted…"（一项实验得到了实施……）而非"We conducted an experiment…"（我们进行了一项实验……）；或"The planets were observed to align…"（行星连珠的现象得到发现……）而非"We observed that the planets aligned…"（我们观察到行星连珠的现象……）。

政治学家倾向于使用主动语态。不过，当"做了什么"比"谁做的"更重要时——尤其是在撰写我们在第四章中讨论过的IMRD论文时——使用被动语态可能就更加合适。例如，"The trend was found to be significant at the .001 level"（趋势在 0.001 水平上显著）突出了显著性的问题。读者已经知道是研究人员进行了显著性检验，因此无须包含这一信息。

避免常见错误

在本章的最后一节，我们希望帮助你避免某些我们称之为"常见错误"的行为：夸大其词（试图让你的论点听起来比实际更重要）、过度写作（试图让自己显得比实际上更博学），以及无意中的性别歧视（好像地球上的每个人都是男性）。我们将分别讨论这些问题。

夸大其词

学生常常想通过在引言中提出过度宽泛的主张（"自古以来，人们一直在争论正义的真谛"或"在我们如今这个全球化的世界里，没有什么比公共卫生更重要"）来表明其论点的重要性。首先，你应该知道，这两种表述（以及其他许多表述，如"在当今社会"）都是陈词滥调。你的老师已经看过几百篇以这样的句子开头的论文了。其次，这两个句子都没有告诉读者任何有趣的具体内容。

如果你从我们在本书中不断提到的学术对话的角度来思考，就会发现上面第一句话也是无关紧要的。我们不在乎人们"自古以来"争论的是什么；我们关心的是他们现在正在争论什么。第二句话则有不礼貌的地方。它不是在说"我发现了有趣的东西，能为这个议题做出贡献"，而是说"我的话题是目前最重要的话题"。这种说法很难为之辩护。你必须拿出惊人的、无可争议的证据来支持它。

不要在论文开头就提出浮夸的主张，这就像穿着紫色西装走进一个派对，然后用扩音器说话一样。要尝试提出更可控、更准确的主张——不要说"自古以来，人们一直在争论正义的真谛"，而应当说"最高法院最近的案件引起了人们对正义与惩罚之间关系的讨论"。与其说"在我们如今这个全球化的世界里，没有什么比公共卫生更重要"，不妨试试说"鉴于目前国际旅行的便利和频繁，制定快速有效的方法来应对埃博拉等致命疾病，对于避免文化恐慌与非必要的死亡至关重要"。换句话说，要让读者准确了解论点的范畴和内容（表6.6）。

表6.6　浮夸的主张与可控的主张

浮夸模糊的主张	具体可控的主张
"自古以来，人们一直在争论正义的真谛。"	"最高法院最近的案件引起了人们对正义与惩罚之间关系的讨论。"
"在我们如今这个全球化的世界里，没有什么比公共卫生更重要。"	"鉴于目前国际旅行的便利和频繁，制定快速有效的方法来应对埃博拉等致命疾病，对于避免文化恐慌与非必要的死亡至关重要。"

对某位或某些作家作出回应，也可能有助于你提出更可控的主张。你可以不必回应那些"自古以来"一直在争论的模糊的"人们"，而是直接回应约翰·罗尔斯等近期的理论家（表6.7）。

表 6.7　含糊的主张与准确的主张

"自古以来，人们一直在争论正义的真谛。"	"约翰·罗尔斯认为，正义的原则必须与人们在不知道自己在现实世界中的阶级地位或社会地位的情况下会选择的原则相一致。这一论点提出了一个难题，即如何判断一个没有任何社会性特征的人可能会持有什么样的价值观。"

正如你所看到的，在每一个我们修改过的例子中，我们都建议你从一个专门针对你论文的主张，而不是一个放之四海而皆准的主张开始写作。

过度写作

学生常常试图通过使用他们认为"学术性"的词语和句子结构来展现学识，但实际上却让行文变得复杂、令人困惑，甚至不经意间让文章变得可笑（图 6.2）。我们可以理解，这可能是学习过程的一环：如果写作者被告知要"像政治学家一样写作"，或者换句话说，像教授一样写作，那么他/她努力让自己听起来"像教授"也就不足为奇了。不过，我们还是建议你尽量让自己的论文读起来像你认识的说话最通俗易懂的教授。无论是在政治学领域还是在其他领域，古板都不是一种美德。

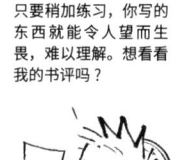

图 6.2 卡尔文以为他已经掌握了学术写作的艺术。不要成为卡尔文![1]

> 两条帮助你避免过度写作的原则:
>
> 1. 尽量选择音节少的词,而不是音节多的词(如选择"use",而非"utilize"),除非长音节词确实比短音节词更准确(例如相较"test"而言,"experiment"可能更准确)。
>
> 2. 要解释的观点越复杂,句子结构就应该越简单。不要向读者(和你自己)同时发起句子结构和观点两方面的挑战。

关于避免过度写作的第二点,我们要重点讲一下。在大学生涯中,你可能会读到很多很长很复杂的句子,但你也应该意识到,简洁是学术写作(以及一般写作)中的美德。有时,学生会使用很多不必要的词语,来试图"填充"他们认为太短的论文。(相信我们——你的老师能看出来。)但我们也知道,有时他们只是因为养成了坏习惯。

---

[1] Calvin and Hobbes © 1993 Watterson. 经 Universal Uclick 许可转载,版权所有。——原注

以下是四条可以快速上手的小窍门，能帮你行文更简洁：

1. 删除不必要的介词短语

- "In the book that was written by Fukuyama"（在由福山写成的这本书中）→ "In Fukuyama's book"（在福山的这本书中）

- "The reason for the failure of this policy"（这项政策的失败的原因是）→ "This policy failed because"（这项政策失败是因为）

2. 删去冗余的内容

- "The people were motivated to be mobilized to vote."（民众被给予动力去被动员起来投了票。）→ "The people voted."（民众投了票。）

- "The local citizens living in the area turned out to vote."（居住在该地区的当地市民参加了投票。）→ "The local citizens turned out."（当地市民参加了投票。）

3. 删去"There is/are"和"It is"的句式

- "There are two hundred refugees who need political asylum."（这里有两百名难民需要政治避难。）→ "Two hundred refugees need political asylum."（两百名难民需要政治避难。）

- "It is the capital city that stands to gain the most from this aid package."（很可能正是首都从这一援助计划中获益最大。）→ "The capital city stands to gain the most from this aid package."（首都很可能从这一援助计划中获益最大。）

4. 省略没有附加意义的"填充性"短语

- "综合各方面因素考虑（All things considered），这项新政策使状况有所改善。"→"这项新政策使状况有所改善。"
- "从各种意图和目标来看（For all intents and purposes），这项新政策使状况有所改善。"→"这项新政策使状况有所改善。"

也许我们能为你提供的写出简洁句子的最简单规则，就是让每个词都有其意义。如果去掉一个词或短语不会改变句子的意思，那就删除它。

无意中的性别歧视

你可能已经意识到，把论文中的假想个体（例如"美国普通选民"）都写成男性是不可接受的。不过，你可能也注意到，总是重复"他/她"和"他/她的"听起来很别扭。因此，即使是指个人而不是群体，你可能也会想用"他们"（they 或 them）来代替。虽然我们承认这在美式表达中已经很常见，我们自己偶尔也会在闲聊中这样说，写作中也是如此，但许多教师认为在学术写作中用"他们"代替"他"是不合适的，因此我们也不鼓励这种做法。不过，你可以把整个例子都修改掉，将"美国普通选民"改为"美国普通选民们"，并统一使用复数形式。我们将在此讨论各种替代方法。

下面是一个有问题的例子,我们要对其进行修改:

> "When the average American voter goes to the polls on voting day, he is typically familiar only with the most highly publicized electoral races, and when he is confronted with choices between candidates for more obscure positions, such as nonpartisan judicial candidates, he must decide whether to cast his vote in ignorance or to abstain."[当美国普通选民在投票日去投票站投票时,他通常只熟悉最受瞩目的选举活动,而当他要在不那么起眼的职位的候选人(如无党派司法候选人)之间做选择时,他就得决定是盲目投出他的选票还是弃权。]

你有什么改写的策略,能够使这句话不暗示所有选民都是男性?以下是一份可能的修改策略清单:

替代"他"的策略

1. 使用"他/她"。
2. 将例句中的主语设为复数,这样就可以使用"他们"。
3. 如果在例句中使用了名词(选民、政治家等),请继续使用名词,而不要转用代词。
4. 重组句子,使你在这个句子中无须使用名词或代词。

使用"他/她"和"他/她的"

我们当然可以把整个例子中的"他"都改成"他/她",但修改后的句子看起来并不简练:

> "当美国普通选民在投票日去投票站投票时,他/她(**he or she**)通常只熟悉最受瞩目的选举活动,而当他/她(**he or she**)要在不那么起眼的职位的候选人(如无党派司法候选人)之间做选择时,他/她(**he or she**)就得决定是盲目投出他/她的(**his or her**)选票还是弃权。"

唉!这个句子没有任何语法错误,但是重复使用"他/她"或"他/她的"这个短语让人厌烦。让我们试试第二个可选策略。

将主语改成复数

请注意,在使用这种方法时,你还需要将动词改为复数形式,或许还需要改动一些其他单词。有时还需要删除一些单词,如"美国选民"(American voters)前的"the"。我们在下面的示例中强调了所有更改后的单词形式。

> "当美国普通选民们(**average American voters**)在投票日去投票站投票时,他们(**they are**)通常只熟悉最受瞩目的选举活动,而当他们(**they are**)要在不那么起眼的职位的候选人(如无党派司法候选人)之间做选择时,他们(**they**)就得决定是盲目投出他们的选票(**their votes**)还是弃权。"

这听起来还不错；在必须重复出现的情况下，"他们"比"他/她"省事多了。

只用名词，不用代词

只用名词通常也是可行的，不过名词通常必须加上冠词（"the"或"an"），这可能会像使用"他/她"一样，听起来很笨拙，甚至更糟，就像下面的例子：

> "当美国普通选民在投票日去投票站投票时，选民（**the voter**）通常只熟悉最受瞩目的选举活动，而当选民（**the voter**）要在不那么起眼的职位的候选人（如无党派司法候选人）之间做选择时，选民（**the voter**）就得决定是盲目投出选民的（**the voter's**）选票还是弃权。"

"选民就得决定是否要投出选民的选票"？我的天哪！

删除部分名词

在阅读上一个版本时，你可能一直都很想删掉几处"选民"这个字眼。如果是这样，那就太好了。让我们来看看这样做的效果如何。我们所删除的词语如果不用其他词语代替，就用方括号标明。

> "当美国普通选民在投票日去投票站投票时，选民通常只熟悉最受瞩目的选举活动，而 [ ] 要在不那么起眼的职位的候选人（如无党派司法候选人）之间做选择时，[ ] 就得决定是盲目投票（a vote）还是弃权。"

组合策略

这些替代策略组合使用也是可能的，而且往往是可取的，这种做法也有助于避免单调。下面的例子使用了上述四种策略中的三种（使用"他/她"、用名词代替代词、去掉对名词或代词的需求）。

> "当美国普通选民在投票日去投票站投票时，他/她（he or she）通常只熟悉最受瞩目的选举活动，而 [ ] 要在不那么起眼的职位的候选人（如无党派司法候选人）之间做选择时，选民（the voter）就得决定是盲目投票（a vote）还是弃权。"

组合策略（使用复数）

请记住，方法 1 和方法 2（使用"他/她"和使用"他们"）不能同时使用。如果同时使用方法 2 和方法 3（使用"他们"并坚持只使用名词），名词就必须是复数。下面是一个使用"他们"的组合：

> "当美国普通选民们（average American voters）在投票日去投票站投票时，他们（**they are**）通常只熟悉最受瞩目的选举活动，而 [ ] 要在不那么起眼的职位的候选人（如无党派司法候选人）之间做选择时，选民们（**the voters**）就得决定是盲目投出他们的选票（**their votes**）还是弃权。"

完全重组句子

为了节省篇幅，我们在本小节主要介绍了替换，但也可以对整个句子进行重组。下面仅仅是一个例子：

> "Typically familiar only with the most highly publicized electoral races, the American voter who is confronted on election day with choices between candidates for more obscure positions, such as nonpartisan judicial candidates, must decide whether to vote in ignorance or to abstain."［美国选民通常只熟悉最受瞩目的选举活动，因此在某些选举日，当他们要在不那么起眼的职位的候选人（如无党派司法候选人）之间做选择时，就得决定是盲目投票还是弃权。］

替换并没有问题，但我们希望你至少在某些时候会享受斟酌句子结构的过程。这不仅会让你成为更灵活、更有创造力的写作者，而且也是你在转述他人作品时所需的一种技能，我们将在第七章中对此进行详细说明。

风格的建议清单

这样做

- ✓ 使用路标语和过渡语引导读者理解论文。
- ✓ 为主张加上模糊限制语以提高观点的可信度。
- ✓ 先介绍旧有信息,为下文提供语境,再介绍新信息以强调重点。
- ✓ 选择准确的动词,使文章更加清晰明了。

别这样做

- ✓ 使用浮夸的说法与陈词滥调。
- ✓ 使用不必要的乏味词汇和臃肿的句式。
- ✓ 用"他"来指代所有人。

第七章

选择资料和标明出处

SELECTING AND CITING SOURCES

146　　在第一章中我们提到过，选择资料并进行有效引用比很多人认为的要更值得关注。我们希望第三章中关于撰写文献综述时如何与资料对话的讨论，能让你明白为什么：选择恰当的资料，以及清晰地界定你对学术对话的贡献，对于塑造你的可信度至关重要。

在本章中，我们将介绍如何选择合适的一手和二手资料（以及二者之间的区别），何时直接引用、何时转述，以及如何避免无意中的抄袭。我们还将概述政治学中常用的两种引用方式。

一手资料和二手资料的定义

选择好的资料是一项复杂的工作，也是一项需要在长期积累中学习的技能。在第一章中我们指出，学术写作的初学者往往认为使用资料的目的是"找东西"，换句话说，就是积累信息。但是，一旦你开始将自己视为我们在本书中所描述的学术对话的参
147　与者，你就会发现，虽然资料有时主要是提供事实或数据，但其更典型的作用是让你了解，在你加入之前学术对话中都说了什么，这样你就会知道自己的哪些贡献是有价值的。（你也不想在

聚会上姗姗来迟，不停地讲别人在此之前已经讲过的笑话吧。）在第三章我们介绍的文献综述中，你的任务就是对到目前为止的学术对话进行概述。

在许多写作任务中，老师都可能会指导你去找一手资料或二手资料，或者每种都找一些。当然，他们也可能只是告诉你要在写作中使用外部资料，而不告诉你需要哪种资料。在这种情况下，你通常可以通过思考任务的目的，以及它旨在帮助你学习的内容来判断什么类型的资料是合适的。

首先，你应该清楚地知道一手资料和二手资料之间的区别。（并非所有的学科讨论资料的方式都像政治学家一样，因此，如果学者们在历史学中所说的"一手"和"二手"资料与政治学中的不同，在生物学中又有所区别，请不要感到惊讶。）在政治学中，一手资料是信息和数据的来源，它们是开展研究的原材料。例如，如果你想了解选民对某项税法提案的看法，调查数据就是很好的一手资料。如果你想知道媒体如何描述上述税法，那么报纸文章、电视新闻广播和记者的推文都是相关的一手资料。

> 一手资料＝你正在分析的内容

他人的研究和解释——他们对学术对话的贡献——属于二手资料。如果你直接查看有关选民对税法提案的看法的调查数据，你看到的就是一手资料；如果你查看其他人对调查数据的分析，你看到的就是二手资料。有时同一份文件既可以是一手资料，也可以是二手资料，这取决于你查阅的目的。例如，如果你对马克思很感兴趣，想分析性别在马克思政治理论中的作用，那么马克思的文本会是你的一手资料，而女性主义（和其他）理论家对马克思文本的分析就是你的二手资料。你将参与到关于马克思的学术对话中。然而，如果你想弄清女性主义理论家对马克思理论中性别所起作用的看法在1970年至1990年间发生了怎样的变化，那么在此期间撰写的女性主义分析将成为你的一手文本，你将参与到关于女性主义理论方面的学术对话中。

> 二手资料 = 他人对你所分析内容的观点

这让我们又回到了刚才所说的，根据写作任务的学习目标来选择合适的资料。如果你需要分析数据，无论数据是定量的（关于税法提案的调查反馈）还是定性的（关于税法提案的媒体言论），或者二者兼有，你都需要一手资料。如果你需要参与学术对话，你就需要阅读二手资料来了解其他人的观点。对于像我们在第二章中描述的假想任务（"写一篇5—10页的论文，讨论福山的历史终结论。可以引用外部资料来捍卫你的立场，但引用必须恰当……"），它明确要求你参与与福山的学术对话，因此二手资料是很合适的。（正如我们在第三章中所指出的，只需两三种资料即可；你需要了解对话到目前为止的情况，但你没有时间熟悉所有的内容，也没法在这么短的篇幅内讨论很多别人的观点。）

查找可信的一手资料

一旦知道了你要寻找的资料类型，你就需要弄清楚从哪里可以找到可信的资料。什么算是可信的资料在一定程度上取决于你的研究问题。我们先从一手资料开始讲。几乎任何东西都可以成为一手资料：例如，如果你的问题与电视或电子游戏中的政治表达有关，那么相关的电视节目或电子游戏就是你的一手资料。如果你的问题是关于某些特定问题的诉讼在不同的县或州是如何解决的，那么你可能需要法庭记录。正如我们前面提到的，如果你要研究活生生的人的观点，那么这些人就是你的资料来源，你可以通过访谈、问卷或二者兼施来从他们那里收集数据。

然而很多时候，你需要的是别人已经搜集到的数据。这时，你需要一种方法来确定这些数据是否可信。理想情况下，你应该已经对数据收集有所了解，并且能够评估用于收集数据的工具是否合适。[如果使用的是调查或者访谈，其设计是否得当，能够引导人做出诚实的回答？样本是否无偏？关键概念的操作化（operationalize）是否合理？] 但是，你可能还处于学习研究技能的初期阶段，可能还不能有把握地回答这些问题。在这种情况下，你需要评估收集数据的人的可信度，以及数据出现场合的可信度。

学术研究者通常是可信的数据来源，因为他们花了很多时间学习如何收集准确又合乎伦理的数据，并且其他经验丰富的研究者很可能会检查这些数据并指出他们发现的任何问题。因此，由学者收集并存放在大学官方网站上的数据通常是比较可靠的。各级政府网站（联邦、州、县或市），以及由联合国和世界银行等世界公认的国际组织维护的网站也是可信的数据来源。外国政府提供的数据原则上应该是可信的，但重要的是要考虑相关政府的性质和声誉及其提供数据的目的。（如果一个因被指控侵犯人权而受到国际压力的独裁政权突然发布数据来强调其公民的福祉，那么你就要用怀疑的眼光来审视这些数据。）同样，每当你想要使用任何组织收集的数据时，你都必须考虑该组织的声誉及其收集并向公众提供数据的目的。举例来说，全球恐怖主义数据库（Global Terrorism Database，GTD）由马里兰大学发布并托管，这是一个好迹象。[1] 如果你发现类似的数据库由未知的组织、外国的政府或机构，甚至由一个出名的有党派偏见的组织（即使是你可能支持的组织）发布，你都应该多加质疑。马里兰大学的全球恐怖主义数据库也可能存在错误，任何学术成果都可能如此，但你至少可以假定该数据库的存在是出于真诚的、无党派偏见的学术好奇心。

151　　学术研究者和政府通常是可信的数据来源，但也有例外。一定要思考这些数据被公开以及存储于某处的原因。

我们刚刚说过，学术研究者通常是可信的，但他们有时也像其他人一样有政治目的。比如你发现数据是由学者收集的，但存储在一个意想不到的地方，比如个人网站而非大学网站，那么最好想一想这是为什么。一方面，这可能是出于速度和方便的考虑，数据完全合理可信；另一方面，这可能是由于研究实践有缺陷或研究本身存在政治偏见，这些数据在大学网站可能不受欢迎。如果有疑问，你可以向他人寻求帮助。

> ### 图书馆管理员是你的朋友
>
> 　　如今，你可以在寝室、公寓或咖啡馆的舒适环境中完成大部分需要在图书馆完成的研究。这很合理——专业的学者也不想离开他们的办公室。但我们鼓励你去图书馆看看，那里会有网上没有的资料。更重要的是，那里有图书馆管理员！图书馆管理员喜欢帮助别人，尤其是在研究问题、引用问题和几乎所有其他类型的问题上，比如帮助别人评估资料的质量。你所在大学的图书馆甚至可能有专门的政府档案图书馆管理员，或者某个学科领域的专家——不仅有政治学领域的，还有亚洲研究、物理学和古典学领域的。图书馆管理员从事这项工作并不是因为他们喜欢对人们说"嘘！安静"，而是因为他们热爱知识并乐于帮助他人获得知识。有一个典型的例子：在密歇根大学，政治学科的图书馆管理员为一名优等生找到了我们之前提到的全球恐怖主义数据库，尽管这并不是密歇根大学图书馆的资源。这些信息使该学生完成荣誉论文成为可能。

查找可信的二手资料

　　合适的二手资料的范围要小很多，因为可信二手资料的范围往往相当狭窄。当你参与学术对话时，你通常需要引用学术资料，包括由职业研究者撰写的由学术出版社出版的书籍及在学术期刊上发表的论文。如果你的主题是当下特别热门的话题，那么面向普通读者的资料——例如报纸或杂志文章，或者博客文章——也可能相关，但你的大部分资料应该是学术资料。

不过，还有一类资料可能更难评估。在撰写本书时，几乎所有的学术书籍和期刊都是纸质版的，其中许多也以电子书或在线期刊等数字格式出现。但如果是只出现在网上的由专业政治学家撰写的材料呢？那么你不仅需要评估文章的作者，还需要评估其目标受众是谁。它看起来是写给学者的，还是普通读者的？它是在专业网站或机构网站发表的，还是在个人网站发表的？它是一篇文章、一份政策文件，还是只是一篇博客文章？是引用了资料，还是只提供了意见？

> 学术资料＝学术出版社出版的书籍，以及有同行评审的期刊
> 一般资料＝报纸、杂志、博客、电视和广播

这就需要了解谁是对话的参与者（以及受众）。可以这样假设：如果你在与一群专业教练讨论橄榄球战术，你可能不会花很多时间去参考你隔壁邻居的观点，不论他/她可能是个多么"有见地"的纸上谈兵四分卫。你应该坚持只参考诸如教练、前教练和职业球员等专家的观点。不过有的时候，即使是教练也可能会与邻居交谈，因此，虽然你可以把邻居排除在学术对话外（除非你恰好住在职业教练的隔壁！），但你不能理所当然地把教练（或学者）纳入学术对话的范畴内，除非你确切地知道教练在与谁交谈。

> **参考文献管理软件（不要在输入引文上浪费时间）**
>
> 参考文献管理软件是专门用于学术工作的专业数据库程序。它们可以帮助你追踪你要找的资料，整理阅读笔记，最重要的是，它们可以帮助你在论文中插入引文和参考书目，只需要按下一个按键即可。为保持其实用性，你确实需要花点工夫学习并坚持使用这些软件，但它们是非常有价值且省时省力的工具。由于图书馆资源现在已经统一数字化了，因此只需要点击一下鼠标，就能将引文（有时是整篇文章）复制到你的参考资料库中。你还可以从菜单中选择引文和参考书目格式，使其符合你想使用的格式，而不用再学习一套新的复杂规则。
>
> 有很多不同的参考文献管理软件可供选择，有些是营利性的，价格昂贵，有些则是免费的。所以，帮自己一个忙，去看看RefWorks（对部分大学生免费）、EndNote（营利性的）、Zotero（免费）、Mendeley（免费）和 BibTeX（免费）。

选择可信资料的建议清单

这样做

- ✓ 了解一手资料和二手资料的区别。
- ✓ 考虑资料是由谁出于什么原因而制作的。
- ✓ 向图书馆管理员寻求帮助。

别这样做

✓ 在学术对话中使用非学术性的二手资料，除非你有充分的理由。

转述、引用和总结

当你参加学术对话时，你需要在论文中加入他人的观点，这样读者才能知道你在回应什么。有三种方法可以表达其他作者的观点：总结（summarizing）、转述（paraphrasing）和直接引用（quoting）（表 7.1）。

表 7.1　总结、转述和直接引用的区别

总结	● 他人观点或论证的压缩版本 ● 比原文更短
转述	● 用自己的话重述他人的观点 ● 与原文相比可能更短、更长，或长度相当
直接引用	● 他人的原话，用引号标出

政治学的每个子学科都包含总结，但在不同子学科中，读者对于何时引用、何时转述才是合理的都有不同的期待。（我们需要指出，不论是转述、总结还是直接引用，都需要标明出处，无论是用脚注还是括号引用。我们会在本章后面部分讨论如何正确标明出处。）

> 在定量-形式研究中，阐明其他研究者说了什么通常很重要，但他们是怎么说的——具体使用了什么词语——并不是重点。在涉及文本和概念分析的解释性研究中，用词上的细微差别可能会改变解释的含义，因此，准确说明另一位作者说了什么以及该作者是如何说的非常重要。

在第一章中，当谈到子学科和体裁时，我们曾说过，读者对于我们归为定量-形式研究和定性-解释研究的这两类内容有着不同的期待。一条简便的经验法则是，你可以认为直接引用在定量-形式体裁中并不合适（除非在极少数情况下）。相反，在解释体裁中，以及在某些通过访谈或参与式观察来收集证据的定性体裁中，直接引用则是证据的基本组成部分。因此，在涉及文本分析的政治理论论文中，直接引用总是必要的。有时在公法论文中有必要直接引用——例如在分析法庭的案件时。在美国政治或比较政治论文中，分析演讲或宣传时也可能需要直接引用。相反，在对选民行为、经济政策或战争相关因素进行定量分析时，直接引用通常是不合适的。如果使用 IMRD 结构撰写论文，一般不需要直接引用，而是以总结和转述取而代之。

即使是在要求直接引用的体裁下写作，你也需要转述一些从其他来源获得的材料。否则，你的论文看起来就会像一长串引号，而且你自己的声音会消失。在这种情况下，决定直接引用哪些内容以及转述哪些内容，就成了决定哪些段落包含关键概念和措辞的问题。如果转述时不会丢失任何重要的内容，那么你就应该选择转述。

直接引用的机制相当简单明了，你可能已经比较熟悉了，但我们经常看到写作者在一些细节上出错，因此我们简要介绍一下如何将引用的材料融入自己的写作中。接着我们再谈比较复杂的转述。

在写作中融入直接引语

虽然我们都很熟悉直接引用在论文中的样子，但爱读小说的写作者有时会错误地把直接引语处理为对话的格式，而没有清楚地表述引用了什么以及为什么要引用。仅仅是把其他作者的文章中的句子塞进你的段落再用引号标出来，这种做法几乎总是不合适的——事实上，甚至可以说是绝对不合适的。我们将在这里举例说明如何正确引用，并在本章最后一节解释如何以及何时加入脚注和括号引用。

这段话出自一篇荣誉毕业论文，其中包括一段整合得很好的直接引语：

> 麦金农（Catharine MacKinnon）强调，法律不能与其所处的社会相分离。她指出："在国际人道法的语境下，从胁迫的角度来定义强奸，就是要关注群体归属、政治力量、联盟、阶层划分和冲突等周边的集体现实。"[2]

第一句话就麦金农的话提出了一个论点，实际上是对后文直接引语的解释性总结。许多缺少经验的作者在写这样的段落时会犯的错误，就是省略"她指出"这个短语，直接进入直接引语。在这种情况下，这段话将是这样的：

> 麦金农强调，法律不能与其所处的社会相分离。"在国际人道法的语境下，从胁迫的角度来定义强奸，就是要关注群体归属、政治力量、联盟、阶层划分和冲突等周边的集体现实。"

在这一版本中，似乎很明显这句直接引语出自麦金农，但这种生硬插入的引文会造成行文不畅。作者的职责是将所有的直接引语归属于其原作者，在原作者和引语之间建立联系，并将这种联系融入引语所在的句子中（表7.2）。

表 7.2　将引文融入文章

融合性较好	融合性较差
麦金农强调，法律不能与其所处的社会相分离。她指出："在国际人道法的语境下，从胁迫的角度来定义强奸，就是要关注群体归属、政治力量、联盟、阶层划分和冲突等周边的集体现实。"	麦金农强调，法律不能与其所处的社会相分离。"在国际人道法的语境下，从胁迫的角度来定义强奸，就是要关注群体归属、政治力量、联盟、阶层划分和冲突等周边的集体现实。"

将别人的话融入自己的句子和段落的方法有很多。除上述的

方法外，还可以用冒号来代替"她指出"：

> 麦金农强调，法律不能与其所处的社会相分离："在国际人道法的语境下，从胁迫的角度来定义强奸，就是要关注群体归属、政治力量、联盟、阶层划分和冲突等周边的集体现实。"

冒号之所以能够起到这样的作用，是因为冒号的一个功能就是表示等同关系。因此，它告诉读者，冒号后的内容与冒号前的内容意思相同。

很显然，你不能只依赖"她指出"和冒号，否则文章就会变得单调乏味。同样重要的是注意：你所选择用来引述另一位作者观点的动词如何表达了你对这些观点的态度，我们在第六章讨论选择准确的动词时曾提到过这一点。因此，你需要在"根据麦金农所说"（According to MacKinnon）、"麦金农认为"（MacKinnon argues）等介绍性短语之间谨慎选择。请看表7.3中这两个选项之间微小但关键的区别。

表 7.3　短语选择之间的细微差别

"根据麦金农所说……"	"我只是告诉你麦金农说了什么。我现在不会对此表态。"
"正如麦金农指出的那样……"（As MacKinnon notes...）	"麦金农说了一句事实，我把它转告给你们。"

你还需要将其他作者的句子片段自如地融入自己的句子中。在我们讨论的这个例子中，该学生本可以选择一种更简洁的表述方式：

> 麦金农强调，法律不能脱离社会，也不能脱离其所处的"群体归属、政治力量、联盟、阶层划分和冲突等周边的集体现实"。

如你所见，你有很多种方式来很好地阐述他人的观点。但你也可能会用令人困惑、冗赘或有误导性的方式来表达，所以要保持警惕。

编辑引文，确保语法一致

有时，为了使别人文本中的部分内容与你的文本保持语法一致，你需要对其进行编辑。你可以使用**方括号**（[ ]）和**省略号**（…）。方括号表示你为了表达清晰和语法正确而添加或修改了一个单词或短语。例如，如果你引用的是以第一人称写作的作者，但是你用第三人称来谈论她，你可以把"我的"一词改成"她的"，只要将"她的"放在方括号中即可；如果你用的是过去时，而你引用的作者用的是现在时，你也可以进行调整：

> Anderson noted that she hadn't decided how to vote yet because "[her] research on key elements of the policy

questions [was] still incomplete."（安德森指出她还没有决定如何投票，因为"［她］对政策问题关键要素的研究还不完整"。）

如果安德森实际上写的内容更长，比如"我还没有做出决定，因为我对有关牵狗绳法规和公园的政策问题关键要素的研究还不完整"，但读者已经知道讨论的问题与牵狗绳的法规有关，那么你可以使用省略号来简化这段话：

Anderson noted that she hadn't decided how to vote yet because "[her] research on key elements of the policy questions ... [was] still incomplete."（安德森指出她还没有决定如何投票，因为"［她］对政策问题关键要素的研究……还不完整"。）

> 方括号表示为了表达清晰和语法正确而添加或修改了一个单词或短语。
>
> 省略号表示为了简洁起见而删除了一些内容。

有时你可能会在要缩短的句子的末尾使用省略号。如果安德森写道，"我还没有做出决定，因为我对有关牵狗绳法规和公园的政策问题关键要素的研究还不完整，而且在未来几周可能仍不完整"，你的版本可以是这样：

Anderson noted that she hadn't decided how to vote yet because "[her] research on key elements of the policy questions ... [was] still incomplete ...."（安德森指出她还没有决定如何投票，因为"［她］对政策问题关键要素的研究……还不完整……"）

需要注意的是，句尾的省略号通常还包括第四个点，它充当了句点。

当你在引用段落的开头省略单词时，不要使用省略号。如上文关于安德森投票计划的例子所示，我们省略了她最初的一些话（实际上，我们对其进行了转述），并用引号来表示直接引语的起始位置。

我们还需要提到，如果你引用了一个很长的段落（例如，五行及以上，如果你使用的是芝加哥格式的话），它的格式应该是一个独立的"块引用"（block quote），缩进，不使用引号括起。块引用就像这样：

> 它需要你用自己的短语来引出，就像出现在标准段落中的引用材料一样。（你可能会注意到我们使用了很多冒号，这是一种很常见的方法。）它可能包含很多句子。与其他直接引语一样，如果你需要省略……材料，也可以使用省略号。你要尽量少用块引用。如果论文中包含了过多的块引用，说明作者要么难以判断什么内容真正需要引用，要么懒得去想如何总结、转述和进

一步延伸自己的观点。如果要块引用，就要尽量简短。
（LaVaque-Manty and LaVaque-Manty 2015）

> 使用块引用时，请不要使用引号，但要使用文内引用，如上例。

通常我们不建议以块引用结束一个章节，甚至也不要以此结束一个段落。长篇引文需要一些解释或说明，而解释应该紧跟在长篇引文之后。下面是来自前文所述的毕业论文的例子：

凯瑟琳·麦金农简明扼要地解释了反强奸法对受害者和社区的影响：

> 强奸和被强奸的现实状况在法律中的体现程度，会使举证难度向某一方倾斜，并影响案件的判决。而判决结果反过来又会影响日常及公认群体冲突情况下性关系中的预期、情感和惯例的图景。（940）

因此，从未被强奸过、也可能永远都不会被强奸的人，也会无意识地受到其所在辖区现行强奸法规的影响。强奸案的判决结果告诉社会什么是可以接受的，什么是无法接受的，并决定了人们期望别人如何对待自己。定义强奸罪，除有助于起诉危害个人和社会利益的犯罪之外，还影响着公众对强奸的理解。

作者用读者能够理解的语言解释了这段话，将"影响……性关系中的预期、情感和惯例的图景"转述为"告诉社会什么是可以接受的，什么是无法接受的，并决定了人们期望别人如何对待自己"。

不需要块引用的较短段落，通常也是要为读者进行解释的。毕竟，如果读者不理解这段话的意思，也不明白为什么你认为它很重要，那么引用这段话就无助于你的论证。

直接引用的建议清单

- ✓ 你是否准确地抄录了所引用的段落？
- ✓ 你是否用引号将其标注了出来？
- ✓ 你是否建立了引文和你自己的文本之间的桥梁？
- ✓ 如果引文在你的论文中超过了四行，你是否用了块引用？
- ✓ 你是否为读者解读了引用的内容？
- ✓ 你是否在正文或脚注中标明了出处？

总结的艺术

总结意味着压缩。设想你正在撰写一篇关于罗伯特·阿克塞尔罗德所著的《合作的进化》（*The Evolution of Cooperation*）的读后感，你需要让读者了解这本书的内容，以便你能回应其中的观点。《合作的进化》大约有200页，但你的读后感被限制在300

个词以内，所以你需要简洁地**总结**，可能只需要一句话："《合作的进化》利用计算机建模证明，当自私的行为者知道他们将不得不在长时间内持续互动时，他们很可能会进行合作。"当然，总结的长度可以更长，这取决于你有多少可用的篇幅，但总结的作用是传达作品最重要的论点或研究结果（"当自私的行为者知道他们将不得不在长时间内持续互动时，他们很可能会进行合作"），以及得出这些结果所使用的方法（"利用计算机建模"）。

总结可以在论文的任何一个阶段进行——任何需要将一位作者引入你的学术对话中的时候——但总结通常出现在引言部分，特别是在文献综述中，因为这些部分需要在很短的篇幅内涉及很多的书籍和文章。以下是一个本科研究计划书中文献综述的例子：

Kelly 和 Enns（2010）的研究在控制其他理论相关变量的情况下，模拟了不平等对偏好的影响，**最终发现随着不平等程度的加剧，所有阶层都变得更加保守**。Lupu 和 Pontusson（2011）<u>在一项类似的研究中</u>发现，不平等的结构比不平等的程度**更为关键**，但也证实了不平等与再分配之间的负相关关系。	方法 关键发现 方法 关键发现

作者只用了两句话就有效地概括了两项先前的研究，既阐述了其发现，也说明了其研究方法。这样的压缩使她在自己的论文

中能用短短的几页涵盖大量的文献。

转述的艺术

转述的目的是让你能够传达他人文本中一小部分（如一两句话）的内容，同时保持自己的写作风格。转述意味着用自己的话来表达。许多作者会惊讶地发现，转述也是要将所引内容融入自己的句法或句子结构中。需要改变句法使得转述变得更加复杂；仅仅把别人的句子粘贴到你的论文中再替换一些词汇是不够的，你还需要改变造句的方式，但又不能改变相关观点的含义。

> 转述 = 在不改变意思的情况下改变词汇 + 改变句法

正如我们前面提到的，在有些类型的体裁中，直接引用是不可以使用或者只能极少使用的——比如定量-经验论文。在这类体裁中，你需要进行大量的转述。

让我们来想想这句话怎么转述："The quick brown fox jumped over the lazy dog."（敏捷的棕狐跳过了懒惰的狗）。许多作者在转述这个句子时，只改动最容易改变的词，而忽略了句法，结果可能是这样："The speedy russet fox leaped over the indolent canine."（速度极快的棕狐跃过了好逸恶劳的狗）。这里有两个问题。首先，它可能不像作者通常的写作风格。（谁会说"好逸恶劳的狗"？）其次，这个句子尽管变奇怪了，但仍没有得到充分改写；事实上，它的句法与原文完全相同。

说到这里，你可能会想，"狐狸"和"狗"有什么好的替代词呢？答案可能是没有。这取决于上下文的内容。如果这个句子是一个长篇故事的一部分，我们可能知道这是什么种类的狗，那么说"猎狗"或者"比格犬"都是可以的。"狐狸"则可以保持不变。

那么，"懒惰"（lazy）该怎么转述呢？或许"闲"（idle）更合适。这绝对比"好逸恶劳"（indolent）更好。处理学术用语时，这个问题就变得更加重要，因为学术用语通常包括一些专业术语，这些专业术语不能随意改动，否则就会失去它们所要表达的含义。在政治学中，这些用语可能包括"选民"（voter）、"调查"（survey）、"数据"（data）、"政策"（policy）和"主权"（sovereignty）等。

同义词词典通常不是你的朋友

当你想要转述，或只是想让行文不要太单调的时候，你可能会求助于同义词词典。毕竟，只需按下键盘上的快捷键就可以找到！但是，由于学术用语都是专业词汇，即使它们看起来像是日常用语，但要正确选择同义词词典中的词汇还是比较棘手的。如果你知道如何选择合适的替代词，你就不需要词典；如果你不知道如何选择，你的文章就可能失去可信度。此外，词语（尤其是重要词语）选择的多样性，不如其一致性和精确性重要。

有一种策略可以帮助你掌握适当的政治学专业词汇，那就是关注课程中阅读文本所使用的词汇，并记录下哪些词经常出现。

让我们来看另一个例子，并思考它的句法问题。一篇已发表的研究文章中可能会出现这样的陈述："Political knowledge is a central concept in the study of public opinion and political behavior."[3]（政治知识是公众意见和政治行为研究中的一个核心概念）。（我们选择的还是一个短句，因为短句是最难处理的。）改变句法需要改变语序，也就是改变短语和从句的排列方式。这一点尤为重要，因为句子中包含三个我们无法替代的专业术语："政治知识"（political knowledge）、"公众意见"（public opinion）和"政治行为"（political behavior）。（总共占了整句话 15 个单词中的 6 个！）

你可能会注意到，我们的例子只包含了一个从句，这增加了重新排列的难度，不过还是可以做到的。有几种可能：

1. When doing research on public opinion and political behavior, political knowledge must be taken into account.（在对公众意见和政治行为进行研究时，必须考虑政治知识。）

2. The fields of public opinion and political behavior cannot avoid addressing issues of political knowledge.（公众意见和政治行为领域不能回避政治知识的问题。）

如你所想，进行有效的转述非常耗费时间：在不改变原文意思的前提下，重新安排句法和替换词汇都需要经过深思熟虑。不过，为了避免抄袭，转述也是一项需要掌握的重要技能。我们将在下一节中提供更多有关避免抄袭的建议。

转述的建议清单

- ✓ 是否有关键词不可更改，否则会改变含义？
- ✓ 你修改了可以改动的词语吗？
- ✓ 你是否改变了所转述句子的结构？
- ✓ 更改后的句子是否与论文的其他部分保持风格一致？
- ✓ 你标明了所转述的句子的出处吗？

了解并避免抄袭行为

抄袭是指使用他人的文字或想法并谎称是自己的。抄袭有很多种类，从购买或抄袭整篇论文，到仅仅抄袭几个词不等。你可以把抄袭理解为撒谎和偷窃的结合；当你抄袭时，你把一个不属于你的想法据为己有，并且从真正提出该想法的作者那里窃取了应得的认可。抄袭是一种不道德的行为，可能导致论文不及格、课程不及格，甚至被大学停课或开除。不过，我们并不倾向于从犯罪和惩罚的角度来考虑这个问题，而是从写作技能和可信度的角度考虑。当然，也有一些作者故意抄袭，但我们也发现有很多人只是不懂如何正确利用自己的资料。如果你正在阅读这本书，我们便假设你是想要写出一篇优秀的原创论文，而不是靠作弊取得 A 的成绩。

很多经验不足的作者难以确定什么内容需要标明出处。例如，你在其他作者的文章中首次遇到的信息，有很多实际上对大多数政治学家（至少是特定领域的政治学家）来说是"常识"，而常识是不需要标明出处的。小样本往往比大样本产生更大的偏差，这是常识，但对上周才了解"代表性抽样"这个概念的人来说，这一点可能并非显而易见。好消息是，你学习某一学科的时间越长，你就会越清楚哪些内容是常识；坏消息是，除了多上课和多阅读本领域的作品外，没有其他方法可以加快这一进程。

本领域常识的例子

对大样本进行的统计分析比对小样本进行的分析更可靠，这是从事定量研究的政治学家的常识。小样本通常被称为"小 n 问题"，其中"n"指的是"样本中的案例数量"。第一次上研究方法课的学生遇到这个信息时，可能不知道这是常识，因而可能认为需要引用资料来支持"在可能的情况下使用大样本最好"这一主张。

我们必须承认，为那些不需要标明出处的观点标明出处对你的可信度没有好处：这表明你是一个新手。然而，不为那些需要标明出处的内容标明出处更加糟糕。教师对初学者会比对抄袭者更有耐心，标明出处过多也不至于会被开除。因此，如果有疑问，就标明出处吧。

> 为不需要标明出处的内容标明出处表明你缺乏经验，也告诉读者你不清楚在你写作的领域当中什么才是"常识"。但是，没有为那些应该标明出处的内容标明出处就是抄袭，即使你不是故意的。因此，如果有疑问，宁可多标明出处，也不要少。

我们确信你知道直接引用一定要标明出处，总结整篇文章或整本书时也很难不说明文章或书是谁写的，这两点不言而喻。这又回到了转述的话题。**转述一定要标明出处**，而且转述一定要彻底地转述原文，这里的"彻底"指的是改变词汇和句法，就像我们之前说的那样。

拼凑式抄袭

一种常见的抄袭形式被称为拼凑式抄袭：作者将别人写的句子片段拼凑在一起，形成一种疯狂拼贴并作为论文提交。大多数这样做的人并没有意识到他们在抄袭。他们认为只复制句子的部分内容而非整个句子是可行的。但是，这样做不仅是抄袭，还会使前后风格不一致，这使得抄袭行为很容易被发现。如果你从五个不同的作者那里东摘西抄不同内容，那么这些内容读起来不可能像是你原创的表达。

拼凑式抄袭往往是由于将资料看作是"找东西"的地方，而不是由真实的人产生的思想脉络，而你可以与他们进行对话。如果你在记录学术对话，你就会想要记住是谁说了什么。如果你只是在"找东西"，你就只会把信息写下来，然后草率地重复一遍，就好像它是你自己的想法一样，而当你意识到阅读你论文的人很可能知道是谁先提出了这个想法时，你就会十分尴尬。

为了避免这种抄袭行为，我们建议你制定一个细致的记笔记方法，记录下你收集的每个想法的来源，并培养起花大量时间来转述别人的话的习惯。建立一个系统的记录方法来表明哪些笔记是直接引用、哪些是你自己的话，比如用黄色高亮表示直接引用。这可以帮助你避免因为遗忘而把未转述（或转述不充分）的想法误解为自己的想法。记笔记时不仅要包括作者和书名，还要注明页码，以便于你还能再找到关键段落。使用本章前文所述的参考文献管理软件能够很容易地处理这些内容。

在下一节中，我们会指导你按照芝加哥格式（Chicago Style）和美国政治学协会（American Political Science Association, APSA）格式在论文正文和参考书目中引用他人的作品。

政治学中的常见引用格式

芝加哥格式和 APSA 格式是政治学中常用的引用体系。在本节中，我们将介绍何时以及如何标明出处，并举例说明如何使用这两种格式。引用格式会随着时间的推移而变化，因此确保你使用的是格式指南的最新版本，这非常重要。在下面的内容中，我们使用的是《芝加哥手册》（*Chicago Manual of Style*）第 16 版和《政治学风格手册》（*Style Manual for Political Science*）2006 年版。[①]

为何标明出处

正如本章其他部分所阐明的，标明出处是避免抄袭的必要条件——但它的作用远不止于此。它能：

---

① 目前《芝加哥手册》已更新至第 17 版，《政治学风格手册》已更新至 2018 年版。

- 让提出该观点的人得到应有的认可。
- 为他人提供研究指南。正如我们建议你在阅读作品时仔细查看该作品引用了哪些文献，以了解在你之前的学术对话；同样，你自己的引用也为他人提供了同样的资源。
- 表明你已经阅读了与学术对话相关的资料，这有助于建立你的可信度。
- 表明自己的贡献。那些没有通过引用归功于他人的观点，就是你原创的观点。

何时标明出处

在上一节中，我们解释了需要标明出处的内容，但论文正文中应该在哪里标明出处？我们可能还没解答你与此相关的许多疑问。标明出处的目的之一是让读者（立即）知道他们可以在哪里找到这些资料。当你总结、转述或直接引用其他作者的作品时，你需要在首次使用该作品的任何内容时加上括号引用（作者+年份）或脚注[4]。在《芝加哥手册》中，你可以使用脚注或括号引用。（下面我们将分别举例说明。）你的老师可能会更喜欢其中一种；如果由你来选择任意一种，那么在引用方式上要保持一致性——只使用脚注或只使用括号引用，但不要将二者混杂。APSA 格式总是使用括号引用来标明出处；脚注只用于不适合放在论文正文中的解释性材料，你应尽量少用脚注。

> 在芝加哥格式中，可以使用脚注，也可以使用括号引用＋参考文献列表。
>
> 在 APSA 格式中，脚注仅用于信息和评论；必须使用括号引用＋参考文献列表来标明出处。

那么，这些引用应该放在哪里呢？它们应紧跟在每处直接引用或转述的段落之后。这意味着你可能需要在一个段落中包含多个脚注或括号引用。如果你正在总结一篇文章或一本书，你可能会想把引用放在一段或几段文字的末尾。然而，这就好比你在向你的朋友转述你的前一个朋友告诉你的事，但你始终没有告诉你的朋友最初谈话发生的时间和地点，直到你讲完了整个长篇故事。（在你终于结束讲述时，你的朋友会问："那么，这是什么时候的事？这件事到底是在哪里发生的？"）

> 为了防止混淆，最简单的方式通常是在总结的第一句话中直接列出作者和文本的名称，并在这个句子的中间或末尾附上参考文献。下面是一个既适用于芝加哥格式又适用于 APSA 格式的版本："在《历史的终结与最后的人》（1992）这本书中，弗朗西斯·福山认为……"

一旦阐明了你所总结的资料，你就不一定需要额外再加括号引用，除非你直接引用或转述了一个关键的观点。此时，必须在引用或转述的段落之后直接加上另一个引用。包含直接引语时，你还应该注明所引段落在原文中的页码。

脚注只用于芝加哥格式。[①] 在首次引用一段文本时，要包含其完整的参考文献信息。

> 这是一本关于脚注的书籍中的脚注。[②][5]
> 这是同一脚注的另一个版本，其中包含直接引语的页码。[③][6]

如果需要连续两次引用同一页，就在脚注中标记"Ibid."，意为"同上"。[7]如果引用了同一资料，但指向不同页，你仍然可以使用"Ibid."，但是需要加上新的页码。[8]如果在引用 Smith 的资料之后引用了其他资料，[9]那么再次引用 Smith 的资料时就不能使用"Ibid."，而只能用 Smith 脚注的缩写版本。[10]

何时标明出处的建议清单

- ✓ 你是否在每个资料第一次出现时都标明了出处？
- ✓ 你是否在每次转述时都标明了出处？
- ✓ 你是否为所有直接引语都标明了出处？

[①] 指以标明出处为主要功能的脚注。如上文所述，APSA 格式中存在脚注，但只用于补充信息和评论，并无标明出处的功能。

[②] Jane Smith. *Fake Text Title for Footnote Sample*. (New York: Excellent Publisher, 1998).（——原注。该脚注仅用于举例说明脚注的格式，其中的作者、书籍及出版社均为作者虚构。下面 5 个注解同样为虚构。）

[③] Jane Smith. *Fake Text Title for Footnote Sample*. (New York: Excellent Publisher, 1998), 14.——原注

如何标明出处

此时，我们将提供针对不同资料的括号引用、脚注和参考文献列表的格式示例。不过，这些示例只是为了让你了解 APSA 和芝加哥格式的异同。虽然记住括号引用的规则很容易，但我们不建议你尝试记住脚注和参考文献的规则。要注意的细节实在太多了，如果你在其他课程的论文中还要使用其他引用格式，就更烦琐了。正如我们之前所建议的，最好使用参考文献管理软件，并根据引用指南和参考文献的范例仔细检查输出结果。

如果你在下文没有找到你所引用的材料的示例，那么你可以上网查找 APSA 格式和芝加哥格式的引用指南。[11] 如果你在在线指南上仍然找不到所需的资料，可以去咨询图书馆管理员。

括号引用

APSA 格式和芝加哥格式中的括号引用写法相同（表 7.4）。如果括号引用是引导读者阅读所讨论的全文，则需要注明作者的姓氏，后面跟日期，这两项之间不加标点符号，如（Smith 1998）；如果是将读者引向直接引用的段落或特别重要的转述观点所在的特定页面，则应在日期之后加上页码，并在年份和页码之间加上逗号，如（Smith 1998, 135）。这种文内引用的目的是将读者引向论文末尾参考文献列表中的某篇特定资料。如果没有参考文献列表，文内引用就不会有太大帮助。而且，我们应该注意，论文中出现的每一个括号引用都必须与参考文献列表中列出的文献相对应，反之亦然；如果没有在论文正文中引用某一资料，那么参考文献列表中就不应该列出该资料。

表 7.4 文内括号引用指南

	芝加哥格式模板	芝加哥格式范例	APSA 格式模板	APSA 格式范例
单一作者的书籍或期刊文章	(Author year, page #)	(Axelrod 1984, 17)	(Author year, page #)	(Axelrod 1984, 17)
有两个或三个作者的书籍或期刊文章	(Authors year, page #)	(Hardt and Negri 2001, 8)	(Authors year, page #)	(Hardt and Negri 2001, 8)
有四个及以上作者的书籍或期刊文章	(First author et al. year, page #)	(Barabas et al. 2014, 842)	(First author et al. year, page #)	(Barabas et al. 2014, 842)
编写的书籍	(Editor year, page #)	(Morgan 2011, 42)	(Editor year, page #)	(Morgan 2011, 42)
编写的书籍中的章节	(Author year, page #)	(Hay 2013, 289)	(Author year, page #)	(Hay 2013, 289)
网站	(Site Owner year)	(APSA 2014)	(Site Owner year)	(APSA 2014)
报纸文章	(Author(s) year, page)	(Romero and Neuman 2014, 1)	None	None

APSA 格式中，报纸文章不在正文中引用，只在脚注中引用。

参考文献列表中的参考文献

表 7.5 举例说明了如何按照芝加哥格式和 APSA 格式来编排参考文献的格式。

表 7.5 参考文献列表指南

	芝加哥格式模板	芝加哥格式范例	APSA 格式模板	APSA 格式范例
单一作者的书籍	Author. year. *Title*. City: Publisher.	Axelrod, Robert. 1984. *The Evolution of Cooperation*. New York: Basic Books.	Author. year. *Title*. City: Publisher.	Axelrod, Robert. 1984. *The Evolution of Cooperation*. New York: Basic Books.
有两个或三个作者的书籍	Authors. year. *Title*. City: Publisher.	Hardt, Michael and Antonio Negri. 2001. *Empire*. Cambridge, MA: Harvard University Press.	Authors. year. *Title*. City: Publisher.	Hardt, Michael and Antonio Negri. 2001. *Empire*. Cambridge, MA: Harvard University Press.
编写的书籍	Editor, ed. Year. *Title*. City: Publisher.	Morgan, Michael, ed. 2011. *Classics of Moral and Political Theory*. Cambridge, MA: Hackett.	Editor, ed. Year. *Title*. City: Publisher.	Morgan, Michael, ed. 2011. *Classics of Moral and Political Theory*. Cambridge, MA: Hackett.

续 表

	芝加哥格式模板	芝加哥格式范例	APSA 格式模板	APSA 格式范例
编写的书籍中的章节	Author. year. "Chapter Title." In *Title*, edited by Editor, page range. City: Publisher.	Hay, Colin. 2013. "International Relations Theory and Globalization." In *International Relations Theories*, edited by Tim Dunne, Milja Kurki, and Steve Smith, 287–305. Oxford: Oxford University Press.	Author. year. "Chapter Title." In *Title*, ed. Editor. City: Publisher, page range.	Hay, Colin. 2013. "International Relations Theory and Globalization." In *International Relations Theories*, eds. Tim Dunne, Milja Kurki, and Steve Smith. Oxford: Oxford University Press, 287–305.
期刊文章	Author. year. "Article Title." *Journal Title* volume #, no. issue #: page range.	Saward, Michael. 2014. "Shape-Shifting Representation." *American Political Science Review* 108, no. 4: 723–736.	Author. year. "Article Title." *Journal Title* volume #: page range.	Saward, Michael. 2014. "Shape-Shifting Representation." *American Political Science Review* 108: 723–736.
有四个及以上作者的期刊文章	Authors. year. "Article Title." *Journal Title* volume #, no. issue #: page range.	Barabas, Jason, Jennifer Jerit, William Pollock and Carlisle Rainey. 2014. "The Question(s) of Political Knowledge." *American Political Science Review* 108, no. 4: 840–855.	Authors. year. "Article Title." *Journal Title* volume #: page range.	Barabas, Jason, Jennifer Jerit, William Pollock and Carlisle Rainey. 2014. "The Question(s) of Political Knowledge." *American Political Science Review* 108: 840–855.

续　表

	芝加哥格式模板	芝加哥格式范例	APSA 格式模板	APSA 格式范例
网站	Site owner. Year. "Page Title." Access date. URL.	American Political Science Association. 2014. "For Students." December 12. https://www.apsanet.org/students.	Site owner or author. Year. "Page Title." URL (Access date).	American Political Science Association. 2014. "For Students." https://www.apsanet.org/students (December 12, 2014).
报纸文章	Author. "Title." *Newspaper Title*, date.	Romero, Simon, and William Neuman. "Cuba Thaw Lets Latin America Warm to Washington." *New York Times*, December 18, 2014.	None	None

> APSA 格式中，报纸文章不在正文中引用，只在脚注中引用。

脚　注

正如我们前面提到的，在芝加哥格式中，你可以使用脚注来代替文内引用＋参考文献列表来引用资料来源。但是在 APSA 格式中，脚注只能包含评论和实质性的信息。在 APSA 格式中，报纸文章是个例外：报纸文章必须用脚注引用，不能用括号引用，也不能出现在参考文献列表中（表 7.6）。

> 请注意,在脚注中,作者的名字总是排在前面。而在参考文献列表中,如果是单个作者,则作者姓氏排在前面;如果有多个作者,则第一作者的姓氏排在前面。

表 7.6　脚注引用指南

	芝加哥格式模板	芝加哥格式范例	APSA 格式模板	APSA 格式范例
单一作者的书籍	Author, *Title* (City: Publisher, Year), page #.	Robert Axelrod, *The Evolution of Cooperation* (New York: Basic Books, 1984), 17.	None	None
有两个或三个作者的书籍	Authors, *Title* (City: Publisher, Year), page #.	Michael Hardt and Antonio Negri, *Empire* (Cambridge, MA: Harvard University Press, 2001), 8.	None	None
编写的书籍	Editor, ed., *Title* (City: Publisher, Year), page #.	Michael Morgan, ed., *Classics of Moral and Political Theory* (Cambridge, MA: Hackett, 2011), 42.	None	None
编写的书籍中的章节	Author, "Chapter Title," In *Title*, ed. Editor (City: Publisher, year), page #.	Colin Hay, "International Relations Theory and Globalization," in *International Relations Theories*, eds. Tim Dunne, Milja Kurki, and Steve Smith (Oxford: Oxford University Press, 2013), 289.	None	None

续 表

	芝加哥格式模板	芝加哥格式范例	APSA格式模板	APSA格式范例
期刊文章	Author, "Article Title," *Journal Title* volume #, no. issue # (year): page #.	Michael Saward, "Shape-Shifting Representation," *American Political Science Review* 108, no. 4 (2014): 723–736.	None	None
有四个及以上作者的期刊文章	First author et al., "Article Title," *Journal Title* volume #, no. issue # (year): page #.	Jason Barabas et al., "The Question(s) of Political Knowledge," *American Political Science Review* 108, no. 4 (2014): 842.	None	None
网站	"Page Title," accessed date, URL.	"For Students," accessed December 12, 2014, https://www.apsanet.org/students.	None	None
报纸文章	Author, "Title," *Newspaper Title*, Date, page # or access date	Simon Romero and William Neuman, "Cuba Thaw Lets Latin America Warm to Washington," *New York Times*, December 18, 2014, accessed December 18, 2014.	Author, "Title," *Newspaper Title*, Date, page #.	Simon Romero and William Neuman, "Cuba Thaw Lets Latin America Warm to Washington," *New York Times*, 18 December, 2014.

APSA格式中，报纸文章只能在脚注中引用，不能文内引用或列入参考文献列表。

注意芝加哥格式的脚注（月、日、年）与APSA格式的脚注（日、月、年）在引用日期方面的区别。

芝加哥格式中应避免的常见错误

- ✓ 对于有四位及以上作者的文内引用，只列出第一作者的姓氏，后面加上"et al."（等）（Barabas et al. 2014）。
- ✓ 对于有一位以上作者的参考文献列表引用，切记不要将所有作者的姓氏都放在前面，而只应将第一作者的姓氏放在前面（Barabas, Jason, Jennifer Jerit, William Pollock and Carlisle Rainey）。
- ✓ 对于有四位以上作者的脚注引用，先列出第一作者的名字，然后是"et al."（Jason Barabas et al., "The Question(s) of Political Knowledge," *American Political Science Review* 108 (2014): 842）。
- ✓ 对于参考文献列表中的网站引用，请注明你访问该网站的日期（American Political Science Association. 2014. "For Students." December 12. https://www.apsanet.org/students.）。

APSA 格式中应避免的常见错误

- ✓ 对于有四位及以上作者的文内引用，只列出第一作者的姓氏，后面加上"et al."（Barabas et al. 2014）。
- ✓ 对于有一位以上作者的参考文献列表引用，切记不要将所有作者的姓氏都放在前面，而只应将第一作者的姓氏放在前面（Barabas, Jason, Jennifer Jerit, William Pollock

and Carlisle Rainey)。

- ✓ 对于参考文献列表中的网站引用，请注明你访问该网站的日期（American Political Science Association. 2014. "For Students." https://www.apsanet.org/students (December 12, 2014).)。
- ✓ 不要在参考文献列表中标注报纸。
- ✓ 不要在脚注中引用报纸以外的任何内容。

致谢

像任何学科中的作品一样，本书是多方合作的成果。本书之所以能够问世，而不是以网站或一系列博客文章的形式与你见面，有赖于牛津大学出版社及其合作伙伴的采购和制作团队的努力，特别是 Garon Scott，我们对他们深表感激。

我们还要特别感谢 Tom Deans 和 Mya Poe，他们是这套学科写作丛书的编辑。从最初的电子邮件交流到 Skype 对话，他们一直是理想的编辑。作为细心而具有建设性的读者，他们给予了我们很多支持。他们在冬季假期的四天里，阅读并评论了书稿的倒数第二稿。这在某种程度上可能算是一项纪录，至少在我们看来，他们理应获得福报。

我们还要感谢 Michelle Cox，感谢她使本书对于英语非母语的学生更易理解。同时感谢许多匿名审稿人，他们的建议极大地提升了书稿的质量。

卡尔顿学院的 Kimberly K. Smith 最初将我们引荐给 Tom 和 Mya。她还提供了本书中的部分写作任务。二十多年来，我们一直享受与 Kim 的对话、共识和分歧，再次感谢她的帮助。

还有许多来自密歇根大学及其他地方的同事提供了本书的写作任务，并对书稿发表了意见，使本书变得更加完善。特别感谢 Jeff Bernstein、Sarah Croco、Tom Flores、Terri Givens、Khristina Haddad、Nathan Kalmoe、Elizabeth Mann、Brian Min、Ben Smith 和 Nick Valentino。

感谢以下审阅了本书的计划书或手稿的人：

Fred Cocozzelli（圣约翰大学）、James Endersby（密苏里大学）、Justin Esarey（莱斯大学）、Donna Evans（东俄勒冈大学）、Jamie Frueh（布里奇沃特州立大学）、Alison Gash（俄勒冈大学）、Kenji Hayao（波士顿学院）、Milda Hedblom（奥格斯堡学院）、Kim Hill（得克萨斯 A&M 大学）、Mirya Holman（佛罗里达大西洋大学）、Amy Lannin（密苏里大学）、Noreen Lape（迪金森州立大学）、Susan Liebell（圣约瑟夫大学）、Kimberly Morgan（乔治·华盛顿大学）、Richard Niemi（罗切斯特大学）、Zachary Shirkey（亨特学院）、Markus Smith（中央俄克拉何马大学）、James Truman（奥本大学）、Frederick Wood（卡罗来纳海岸大学）。

我们特别感谢这本书的主要读者——本科生群体。事实上，在本书的准备以及平日的工作中，我们都从学生那里受益匪浅，更确切地说是学到了许多。有些学生慷慨地向我们分享他们的作品，其中一些已收录在本书中。特别感谢 Grace Judge、Tom O'Mealia、Tanika Raychaudhuri、Karinne Smolenyak 和 Bing Sun 的慷慨分享。他们充分证明了本科生在学习中能够取得傲人的成绩。我们也衷心希望本书能为本科生的学习贡献一份力量。

有人问我们，与伴侣共同写作是否困难——甚至有风险。尽管不能以偏概全，但对我们来说，答案是否定的。情况恰恰相反，这次合作是我们写作生涯中最有成就感的一次。因此，我们非常感激彼此。哦对了，我们还要感谢《吸血鬼猎人巴菲》、好时巧克力和 ZuZu，感谢它们帮助我们保持头脑清醒。

附录 A

寻求和使用反馈

即使你的作业没有明确要求你提交草稿和修改稿，**寻求反馈也是一种自然而然（而不是补救性）的学术习惯**。很多学生都会幻想，写作对"优秀的作者"来说是一个快速而简单的过程，而我们的文化中也长期流传着对于理解写作毫无帮助的"作家"形象：孤独的天才，独自在塔楼、地窖或小屋中工作。也许真有这样的天才，但我们从未见过。我们认识的作者都会请他们所尊重的同事对他们的草稿进行认真、详细的反馈。毕竟，要想知道自己的论证是否清晰、是否符合读者的期望，唯一的办法就是让别人（可能是几个人）阅读你的作品，告诉你哪些地方是合理的、哪些地方是不合理的。

让他人阅读你的作品非常重要，以至于在标准出版/发表流程中设有一个自动反馈系统：任何提交给高质量学术期刊的文章或提交给受人尊敬的学术出版社的书稿，在编辑决定是否出版/发表之前，总会先发给其他学者征求反馈意见。很多时候，作者需要根据收到的反馈意见修改稿件并再次投稿，然后编辑才会最终决定是否接受稿件。即使编辑同意出版/发表了，作者通常还要做额外的修改。

在学术生涯中，最好尽早养成寻求和使用反馈的习惯。我们鼓励你现在就开始将获取反馈的方法纳入你的写作习惯中。以下是几种方法：

1. **与教师会面**。我们知道有些教师没有时间与学生见面讨论写作任务，但许多教师很乐意就研究计划书、提纲或草稿提供意见。如果老师愿意给你提供反馈意见，请好好利用这个机会。（一些教师避免对草稿发表意见的原因之一是他们遇到过以下这种不愉快的情况：教师读了学生的草稿，鼓励学生在 X 方面下功夫，学生在 X 方面下功夫，交了论文，得了 B+，但不高兴，因为学生认为自己做了"得 A 所必需的一切"。但是，教师只是想帮助学生集中精力做最能改进论文的修改，而不是提供一个获得好成绩的神奇公式。所以记住，除非老师明确给你的草稿评分，否则他们对最终版本之前的任何反馈都不是"预评分"。）

2. **去**大学或学院的**写作中心**（如果有的话）。写作中心的存在是为了在写作项目的各个阶段（从构思到完成）为学生提供写作帮助。如果你对任务提示感到疑惑，写作中心的辅导老师或许可以帮你解读。这些老师还可以帮助你确保论文条理清晰、论据充分，并为你提供写作风格方面的建议。

3. **寻求朋友的帮助**。邀请你信得过其判断力的同伴来阅读你的草稿。请他们指出你哪些地方做得好、为什么，以及哪些地方需要改进、为什么。（你也可以通过主动评论同伴的草稿作为回报，借助他们来提高自己的反馈技巧。）**在政治学写作中，要记住同伴反馈不应与政治有关。如果你的同伴没有在你所上的课程中，或者不是政治学专业的学生，一定要告诉他们，他们的评论不应涉及是否同意你的立场。**如果你有足够的时间，并且认为你的同伴愿意多次阅读你的论文，那么获得两轮反馈通常会很有帮助。第一次，你可以请他们帮助你解决有关结构组织和证据使用的"大问题"；第二次，你可以请他们就语法和文风提供反馈意见。如果英语不是你的母语（即使它是你的母语），明智的做法通常是，在确保你的整体论证已经足够完善之后，请一位同伴审阅你的定稿，并指出任何影响文章清晰度的错误。

在访问写作中心或请同伴审阅你的草稿时，**最好带上老师提供的任务提示和评分标准，以帮助读者更好地了解你的论文应该达到的目标**。否则，如果论文看起来很好但实际上不符合作业要求，读者将无法发现这一点。

显然，重要的是要确保你的作文是你自己写的；让别人告诉你哪里写得不清楚与让别人帮你写是两码事。你可能会遇到一些老师，他们会告诉你在课程期间，任何时候都不要向他人寻求帮助；即使是那些通常会对获得反馈表示赞赏的老师，也可能会将论文（建议获得反馈）和开卷考试（禁止获得反馈）区分开来。

如果你被告知不得寻求外部帮助，那么这样做就违反了学术诚信，并可能导致各种处罚。（关于我们所指的处罚类型，请参阅第七章中有关抄袭的部分。）

同样重要的是要认识到，并不是所有反馈都是一样好的。如果你从老师那里得到了建议，大概率你就应该采纳。但是，**如果有两个朋友看了你的论文，而他们给你的建议相互冲突怎么办？**在这种情况下，你应该：

1. 相信自己的判断。如果一个人的建议对你来说比另一个人的更有道理，那么你应该采纳那个建议。**但请记住，不要把"有道理"等同于"同意我的政治观点"！**

2. 不要仅因为实施某条建议更为容易就放弃其他建议而选择它。

3. 如果你真的不确定，就把论文放几天，让潜意识来处理这个问题。（我们之前已经说过，最好尽早开始写作并获得反馈，对吧？）一开始难以接受的建议，往往在搁置一段时间后就不会那么刺耳了。

你需要通过练习来学会采纳哪些建议、忽略哪些建议。这是一项很好的技能，因为这个问题永远不会消失。学术期刊编辑有时会帮忙，告诉作者哪些审稿人的意见需要处理、哪些不需要，但更多时候他们会让作者自己决定。

最后再说一点：也许你已经注意到了，至少就本学期的成绩而言，等你从老师那里得到反馈时，往往为时已晚了。你收到的意见会在终稿中出现,让你没有机会采纳和应用它们。我们深表同情——你可以看出,我们认为获得对草稿的反馈意见无比有价值。但不要把这些意见扔掉。就像你有时可以将你在课程中提交的第一篇论文上收到的反馈意见应用到后面的论文中一样,你有时也可以将在一门课程中收到的反馈意见应用到后面的课程中。

换句话说,我们建议你从长计议,从两种不同的视角来思考反馈问题:

1. 如何将其应用到当前的论文或课程中。
2. 如何将其应用到你作为写作者的长期发展中。

评分标准:一种反馈形式

我们知道你很可能在乎成绩。事实上,你买这本书可能就是为了确保你在政治学课程中取得好成绩。我们在本书中没有过多提及成绩,因为我们认为只关注成绩并无益处——如果你想着把作业做好,而不是为成绩的好坏而紧张,你的整体成绩会更好。

但是,大多数写作任务都是要打分的。老师们会就如何评分争论不休。有些人认为,写作与数学考试不同,是非常主观的,甚至不应该试图制定评价标准。还有一些老师阐明了他们所追求的评价标准,但没有说明他们如何将这些标准具体转化为分数。或者,他们可能有具体的转化方式,但不与学生分享。或者,他们可能会提供一个非常详细的评分标准(附录表 A.1)。

当老师向你提供他/她的评价标准,甚至是具体的评分标准时，该怎么办呢？有些老师对提供评分标准心存顾虑的原因是，他们担心你会"应试写作"——即由于过于狭隘地关注评分标准而扼杀了你的创造力。也许会这样。但是，如果评价或评分标准确实非常明确，你就应该完全按照规范来写作。评分标准会告诉你，你的老师对这种特定作业的要求是什么。

很遗憾，要想制定好的标准很难，即使是深思熟虑的教师，在阅读学生实际交上来的论文时，他们所说的期望中的论文与他们认为应该打最高分的论文之间也可能存在一定的距离。

附录表 A.1 评分标准示例

	超出预期	符合预期	符合部分预期	很难符合预期
解释、概念分析、推理和逻辑	所有论证都有适当的证据支持。分析有趣、可信。对概念的分析和使用适当、令人信服。论证可靠、有效。	所有论证都有证据支持。分析可信。对概念的讨论和使用合理。论证没有谬误。	混淆论证和意见；理由和证据使用不当。概念不准确，但可以理解。提出的论证可能不合理或有谬误。	提出的主张证据极少或没有证据。概念混乱或不恰当。逻辑谬误百出。
结构	在引言中提出了明确的论点。正文论证与行文流畅。有适当的路标语，让读者知道论文每个部分的功用。每个段落都围绕主题句展开。结论不仅仅是对论文内容的总结。	在引言中提出了论点。正文能理解，但可能缺乏流畅性。结论仅仅是对论证的总结。	论文有可识别的结构，但可能很难找到论点，或看不出不同部分是如何与整体相联系的。一些关键部分——论点、引言、结论——可能不完整、混乱或缺失。段落结构可能有问题。	论文没有提供论点。论文的各个部分彼此没有联系，或者本身就无法理解。段落使用混乱。

续　表

	超出预期	符合预期	符合部分预期	很难符合预期
行文	行文清晰准确。用词恰当。所有的句子都传达了明确的信息。	行文通俗易懂。语法、用词、拼写和标点符号基本正确。	文章需要花费一些精力才能理解。行文可能由于用词不当、过度写作、语法错误或者缺少校对而有所逊色。	文章难以理解。语法、排版和校对错误分散了读者的注意力。
格式编排	论文有标题。引用符合作业要求。包含页码。使用了便于阅读的字体。	论文有标题。引用了资料来源。包含页码。	作者在格式编排方面做了一些努力。	作者没有考虑过格式问题。

因此，如果老师明确提出了预期标准，无论是否对应具体的分数，你都应该仔细研究。但是，不要把它们当作待办清单。相反，要试着去理解老师想要什么样的论文，以及在这些标准下如何撰写这样的论文，然后尽力而为！如果你的成绩与预期不符，最好不要告诉老师："嘿，这些我都做了！为什么我没有得到A？"与老师一起回顾你的作业总是好的，但与其抱怨为什么你没有得到承诺的结果，不如思考如何更好地理解这些预期标准，为未来做准备。

附录 B

数据的获取与呈现

研究指南

有许多社会科学研究指南。以下是几种不同类型的指南。

- Johnson, Janet Buttolph and H. T. Reynolds. *Political Science Research Methods*. Thousand Oaks, CA: CQ Press, 2012.
- King, Gary, Robert O. Keohane, and Sidney Verba. *Designing Social Inquiry: Scientific Inference in Qualitative Research*. Princeton, NJ: Princeton University Press, 1994.
- Marsh, David and Gerry Stoker, eds. *Theory and Methods in Political Science*. New York: Palgrave Macmillan, 2010.

- Powner, Leanne C. *Empirical Research and Writing: A Political Science Student's Practical Guide*. Thousand Oaks, CA: CQ Press, 2014.
- Van Evera, Stephen. *Guide to Methods for Students of Political Science*. Ithaca, NY: Cornell University Press, 1997.

数据可视化

- Few, Stephen. *Show Me the Numbers: Designing Tables and Graphs to Enlighten*. Oakland, CA: Analytics Press, 2004.
- Tufte, Edward R. *Beautiful Evidence*. Cheshire, CT: Graphics Press, 2006.
- Yau, Nathan. *Data Points: Visualization That Means Something*. Indianapolis: Wiley Publishing, 2013.
- Yau, Nathan. *Visualize This: The FlowingData Guide to Design, Visualization, and Statistics*. Indianapolis: Wiley Publishing, 2011.

我们还建议你访问Nathan Yau的网站FlowingData（flowingdata.com）。

注释

第一章

1. 关于第一个例子，参见Lee Epstein et al., "The Judicial Common Space," *Journal of Law, Economics, and Organization* 23 (June 1, 2007): 303–325。关于第二个例子，参见Richard F. Fenno, "US House Members in Their Constituencies: An Exploration," *American Political Science Review* 71 (1977): 883–917。关于第三个例子，参见Nicholas A. Valentino, Vincent L. Hutchings, and Ismail K. White, "Cues That Matter: How Political Ads Prime Racial Attitudes During Campaigns," *American Political Science Review* 96 (2002): 75–90。

2. 关于第一个例子，参见R. Harrison Wagner, "Uncertainty, Rational Learning, and Bargaining in the Cuban Missile Crisis," in *Models of Strategic Choice in Politics*, ed. Peter Ordeshook (Ann Arbor: University of Michigan Press, 1989), 177–205。关于第二个例子，参见Scott Atran and Robert Axelrod, "Why We Talk To Terrorists," *The New York Times*, June 29, 2010, https://www.nytimes.com/2010/06/30/opinion/30atran.html。

3. John C. Bean, *Engaging Ideas: The Professor's Guide to Integrating Writing, Critical

Thinking, and Active Learning in the Classroom, 2nd Edition (San Francisco: Jossey Bass, 2011), 46–47.
4. 在撰写本文时,此类博客中最著名的是"猴笼"(The Monkey Cage)(https://www.washingtonpost.com/monkey-cage/),《华盛顿邮报》于2013年收购了该博客。其他类似的博客还包括"密涅瓦的鸭子"(https://www.duckofminerva.com)或稍具跨学科性质的"律师、枪支和金钱"(Lawyers, Guns, and Money)(https://www.lawyersgunsmoneyblog.com)。

第二章

1. Sweetland Center for Writing. "How Do I Make Sure I Understand an Assignment?" Available online: https://www.lsa.umich.edu/sweetland/undergraduate/writingguides/howdoimakesureiunderstandanassignment

第三章

1. 实际上,这正是罗伯特·W. 米基(Robert W. Mickey)在其著作《走出迪克西之路》(*Paths Out of Dixie*)(Princeton, NJ: Princeton University Press, 2015)中的论证。
2. 参见Nancy Sommers, "Revision Strategies of Student Writers and Experienced Adult Writers," *College Composition and Communication* 31, no. 4 (December 1980): 378。
3. David Stasavage, "Was Weber Right? The Role of Urban Autonomy in Europe's Rise," *American Political Science Review*, 108 (2014): 337–354.
4. Seok-Ju Cho, "Voting Equilibria Under Proportional Representation," *American Political Science Review*, 108.02 (2014): 281–296.
5. Simon Chauchard, "Can Descriptive Representation Change Beliefs about a Stigmatized Group? Evidence from Rural India," *American Political Science Review*, 108.02 (2014): 403–422.
6. 引自Barbara Herman, "Editor's Introduction" in John Rawls, *Lectures on the History of Moral Philosophy* (Cambridge, MA: Harvard University Press, 2000), xvi–xvii。

注 释

第四章

1. 本表基于军事化国家间争端（Militarized Interstate Disputes）数据集（4.1版），详见 https://www.correlatesofwar.org/data-sets/MIDs。参见Faten Ghosn, Glenn Palmer, and Stuart Bremer, "The MID3 Data Set, 1993–2001: Procedures, Coding Rules, and Description." *Conflict Management and Peace Science* 21 (2004): 133–154。回归分析表输出参考了Marek Hlavac, "stargazer: LaTeX code and ASCII text for well-formatted regression and summary statistics tables" (2014), R package version 5.1. https://CRAN.R-project.org/package=stargazer。

2. Edward R. Tufte, *Beautiful Evidence* (Cheshire, CT: Graphics Press, 2006).

第六章

1. 有关学科性模糊限制，参见Robert Madigan, Susan Johnson, and Patricia Linton, "The Language of Psychology: APA Style as Epistemology," *American Psychologist*, 50 no. 6 (1995): 428–436。

2. George Gopen and Judith Swan, "The Science of Scientific Writing," *American Scientist*, 78 no. 6 (1990): 550–558。这篇文章可以在网上免费获取。

第七章

1. 你可以在www.start.umd.edu/data-tools/GTD找到该数据库。
2. 块引文中的参考文献来自Catharine MacKinnon, "Defining Rape Internationally: A Comment on Akayesu," *Columbia Journal of Transnational Law* 44, no. 3 (2006): 957。
3. Jason Barabas, Jennifer Jerit, William Pollock and Carlisle Rainey, "The Question(s) of Political Knowledge," *American Political Science Review*, 108, no. 4 (2014): 840–855.
4. 对于一本书：Author(s). *Title*. Publisher, year.（作者，标题，出版者，年份）。
5. Jane Smith. *Fake Text Title for Footnote Sample*. (New York: Excellent Publisher, 1998).
6. Jane Smith. *Fake Text Title for Footnote Sample*. (New York: Excellent Publisher, 1998), 14.
7. Ibid.
8. Ibid., 19.

9. Fred Jones. *Another Fake Text Title*. (Boston: So-So Publisher, 1999).
10. Smith, *Fake Text*, 19.
11. 关于APSA格式,参见https://www.connect.apsanet.org/stylemanual/wp-content/uploads/sites/43/2018/11/Style-Manual-for-Political-Science-2018.pdf;关于芝加哥格式,参见https://www.chicagomanualofstyle.org/tools_citationguide.html。

索引

索引条目中的页码为原书页码，已在本书页边标出。页码中的f和t分别表示图和表。

A

Abstract 摘要 106–107

Academic research 学术研究 150–151, 152–153

Active voice 主动语态 134–135

Advocacy papers 倡议性论文 11f, 18–19, 114–116
    executive summary 内容提要 114–115
    op-ed articles 专栏文章 11, 19, 114–116
    policy memos 政策备忘录 11, 19, 114–116

Ambiguity 歧义 104

Analysis and synthesis 分析与综合 14

Analyze 分析 25–26, 26t

225

Apprenticeship genres 学徒练习体 12, 29

APSA style citations APSA格式引用 171, 172, 174–182

Area chart 面积图 92–93, 93f

Argue 论证 26t

Arguments, structuring 构建论证 45–50 另见Outline, research paper 研究性论文提纲

Assignment prompt, decoding 解读任务提示 22–30

 analyze 分析 25–26, 26t

 argue 论证 26t

 audience 受众 23–24

 confusing prompt 令人困惑的任务提示 28–29

 critique 批评 26t

 data collection 数据收集 24–25

 discuss 讨论 26t

 evaluate 评估 26, 26t

 explain 解释 26t

 genre 体裁 23

 propose 提议 26t

 purpose 目的 23, 24, 25

Audience 受众 1, 2, 8t, 9, 23–24, 27, 29, 39, 114, 115, 116, 119, 153

Autonomy 自主性 20–21, 20f

B

Bar graph 条形图 89–91

 ethics and rhetoric 条形图的伦理与修辞 95–96, 96f

 more information 更多相关信息 91, 91f

 simple 简单条形图 89f

Bias 偏见 78

Block quote 块引用 161–162, 161–163

Blogosphere 博客圈 12, 117

Blog posts (blogging) 博客文章（博客写作） 19–20, 117–120

 intellectual property 博客文章的知识产权问题 120–122, 122f

as low-stakes assignment 作为低风险任务 119
　　　as public 公开博客 119
　　　reasons and evidence 理由和证据 119–120
　　　source citing 引用资料来源 119
　　　visual elements 视觉元素 117–118, 118f
Body (research paper) 正文（研究性论文）57–59, 59t
Brackets 方括号 160

C

Caption, graphs 图表的说明文字 91, 91f
Case-by-case approach 按照案例组织的方式 59t
Cases 案例
　　　applying theories to 将理论应用于案例 18–19, 43–45, 44f, 113–114
　　　making a case 捍卫立场 28–29
　　　research papers 研究性论文的案例 43–45, 44f
Chartjunk 图表垃圾 97–98
Charts 图表 90 另见Graphs 统计图
Chicago Style citations 芝加哥格式引用 171, 172, 174–182
Citations 引用 171–181
　　　APSA style APSA格式 171, 172, 182
　　　Chicago Style 芝加哥格式 171, 172, 181–182
　　　footnotes 脚注 173–174, 179, 179t–181t
　　　how to cite 如何标明出处 174–181, 175t–181t
　　　parenthetical 括号引用 174–176, 175t–176t
　　　reference list 参考文献列表 176, 176t–178t
　　　when to cite 何时标明出处 172–174
　　　why to cite 为何标明出处 171–172
Claim-making moments, key 提出主张的关键节点 128–131
Claims 主张
　　　grandiose *vs.* precise 浮夸的主张与准确的主张 136–138, 137t
　　　vague *vs.* precise 模糊的主张与准确的主张 137, 137t

Clear prose, crafting 清晰行文 131–135
 active *vs.* passive voice 主动语态与被动语态 134–135
 context and emphasis 语境与强调 131–133
 verbs, precise 选择准确的动词 133–134, 133t, 134t
Coded data 经过编码的数据 75, 76t
Column chart 柱状图 89–91
 ethics and rhetoric 柱状图的伦理与修辞 95–96, 96f
 more information 更多相关信息 91, 91f
 simple 简单柱状图 89f
Common knowledge 常识 168–169
Compare-and-contrast approach 比较与对比方法 59
 literature reviews 文献综述 60
 structural options 结构选择 59
Comparing ideas 观点比较 13–14
Complexity 复杂性 20f, 21
Conclusions, strong 强有力的结论 67–68
Context, clear prose for 清晰行文：语境 131–133
Counterarguments 反对意见 116
Counterevidence 反对证据 64
Creative Commons 知识共享 121–122, 122f
Credibility 可信度 8t, 11
 primary sources 一手资料的可信度 149–152
 scholarly 学术成果的可信度 104
 secondary sources 二手资料的可信度 152–154
Critique 批评 26t
Cross-tabulated table 交叉表 76t, 86

D

Data 数据 74–77
 ambiguity 歧义 78–80
 bias 偏见 78

索　引

　　coded　经过编码的数据　75, 76t

　　defined　数据的定义　74

　　information from　来自数据的信息　90

　　others', comparisons　他人数据中的比较　80–81

　　others', research question framing　他人对研究问题的表述　77–80

　　qualitative　定性数据　75–77, 76t

　　quantitative　定量数据　75–77

　　singular *vs.* plural　"data"是单数形式还是复数形式　74–75

　　visual presentation　数据的可视化呈现（见Data presentation　数据呈现）

Data analysis　数据分析　17–18, 74, 84

Data collection　数据收集　24–25, 74, 84

Data-driven research　数据驱动型研究

　　research proposal　数据驱动型研究计划书　81–85（另见Research proposal　研究计划书）

　　visual rhetoric　视觉修辞　85

Data presentation　数据呈现　73, 85–95 另见具体类型

　　clear and efficient　清晰高效地呈现数据　90

　　copying others' visuals　复制他人的视觉材料　98

　　diagrams　示意图　86t, 94–95, 94f, 95f

　　ethics and rhetoric　数据呈现的伦理与修辞　87f, 95–98, 96f

　　graphs　统计图　86t, 89–94, 89f, 91f

　　pie charts　饼图　92, 92f

　　scales and units　刻度和单位　97

　　tables　表格　85–89, 86t

　　visual rhetoric　数据的视觉修辞　85

Data visualization　数据可视化

　　references　相关参考文献　190–191

　　rhetoric　数据的视觉修辞　85

Decoding writing assignments　解读写作任务　22–30　另见Assignment prompt, decoding　解读任务提示

　　assignment prompt　任务提示　22–27

　　confusing prompt　令人困惑的任务提示　28–29

Dependent variable　因变量　88

Diagrams 示意图 86t, 94–95, 95f
　　game tree 博弈树 94–95, 95f
　　unnecessary 不必要的示意图 94, 94f
Differences 差异 14
Discuss 讨论 26t
Discussion 讨论
　　future research directions 未来研究方向 105–106, 105t
　　IMRD paper IMRD论文的讨论部分 104–106, 105t
　　limitations 局限性 105, 105t

E

Ellipses 省略号 160–161
Emphasis, clear prose for 清晰行文：强调 131–133
Empirical approaches 经验研究 5–6, 6t
　　writing genre 写作体裁 11
Ethics, data presentation 数据呈现的伦理 87f, 95–98, 96f
Evaluate 评估 26, 26t
Evidence 证据
　　blog posts 博客文章的证据 119–120
　　counterevidence 反对证据 64
　　persuasive 有说服力的证据 63–65
Executive summary 内容提要 114–115
Explain 解释 26t

F

Feedback, seeking 寻求反馈 183–189
　　conflicting advice 相互冲突的建议 186
　　evaluating 评估反馈 186
　　friends 朋友的反馈 184–185
　　instructors 老师的反馈 184

索　引

　　long view 从长计议思考反馈 186–187
　　outside help 外部帮助 185–186
　　value and role 反馈的价值和作用 183
　　writing center 写作中心 184, 185
Finger exercises 小练笔 12
Footnotes 脚注 173–174
Friends, feedback from 朋友的反馈 184–185
Future directions 未来研究方向 68–70

G

Game tree 博弈树 94–95, 95f
General sources 一般资料 152–153
Genre 体裁 8t, 9–10
　　assignment prompt 任务提示 23
Genres, political science courses 政治学课程中的体裁 13–21
　　advocacy papers 倡议性论文 11f, 18–19, 114–116
　　applying theories to cases 将理论应用于案例 18–19, 43–45, 44f, 113–114
　　autonomy *vs.* complexity 自主性与复杂性 20–21, 20f
　　blogging 博客写作 19–20, 117–120［另见 Blog posts (blogging) 博客文章（博客写作）］
　　compare and contrast 比较与对比 13–14
　　data analysis 数据分析 17–18
　　literature reviews 文献综述 14–15, 60–63
　　research papers 研究性论文 15
　　research proposals 研究计划书 15–17
　　response papers 读后感 18
Genres, political science writing 政治学写作的体裁 10–12, 11f
Gopen, George 乔治·戈朋 131–132
Governments, as data sources 政府作为数据来源 150–151
Grading rubrics 评分标准 187–189, 188t–189t
Grandiose claims 夸大其词 136–138, 137t
Graphs 统计图 86t, 89–94, 89f, 91f

231

bar 条形图 89–91, 89f, 91f, 95–96, 96f

caption 说明文字 91, 91f

line (area) 折线图（面积图） 92–93, 93f

line (area), ethics and rhetoric 折线图（面积图）的伦理与修辞 96–97, 97f

Microsoft Excel 89f, 90, 93

other software 其他软件 93–94

pie chart 饼图 92, 92f

x- and y-axes x轴和y轴 91

H

Hedging 模糊限制 104, 128–131, 129t, 130t

conclusions, explaining 解释结论 128–129

differentiating your approach 将你的方法与他人区分开 128, 129–130, 130t

signaling disagreement 表达反对意见 130, 130t

thesis/hypothesis presentation 论点/假设陈述 128–129

verbs and 动词与模糊限制 129, 129t

Help, outside 外部帮助 185–186

"He or she" "他/她" 141–142

"He," replacing 替代"他"的策略 141–142

"His or her" "他/她的" 141–142

Hypothesis 假设

research proposal 研究计划书的假设 82, 83, 99

student 学生的假设 101t

I

Ibid. 同上 174

Idea memo 想法备忘录 17

Ideas, comparing 观点比较 13–14

IMRD paper (Introduction, Methods, Results, Discussion) IMRD论文（引言、方法、结果、讨论） 11, 74, 98–109

索 引

    abstract 摘要 106–107

    citing sources 引用资料来源 156 另见Sources 资料

    data sources 数据来源 103

    discussion 讨论 104–106, 105t

    introduction 引言 99–100

    literature review 文献综述 99–100

    methods 方法 101–103

    results 结果 103–104

    revision 修改 109

    scholarly conversation 学术对话 81

    standard sections 标准部分 98–99

    student hypotheses 学生的假设 101t

    terms used 定义所使用的术语 103

    titles 标题 109

    too much information 信息过载 108–109

Independent variable 自变量 88

Information, from data 来自数据的信息 90

Instructor meetings 与教师会面 184

Intellectual property, blog posts 博客文章的知识产权问题 120–122, 122f

Internet, blogosphere 互联网博客圈 12, 117 另见Blog posts (blogging) 博客文章（博客写作）

Interpretive approaches 解释性方法

    citing sources 引用资料来源 155–156

    writing genre 写作体裁 11–12

Introduction 引言 50–57, 52f

    approach 研究方法 54

    concise 简洁的引言 56–57

    first and second passes 第一遍和第二遍写引言 50–51

    first three sentences 引言前三句 52–54

    four paragraphs 四段式引言 56

    IMRD paper IMRD论文的引言 99–100

    key elements 引言的关键要素 51, 52f

    length 引言的长度 54–55

one-paragraph 一段式引言 55–56
phrasing as question 表述为疑问句 55
research proposal 研究计划书的引言 81–83
setting up the stakes 设定赌注 51

K

Knowledge, common 常识 168–169

L

Lecture notes 课堂笔记 48–49
Length, assignment 作文的篇幅 13
Librarians 图书馆管理员 151–152
Limitations 局限性 68–70, 105, 105t
Line graph (chart) 折线图 92–93, 93f
　　ethics and rhetoric 折线图的伦理与修辞 96–97, 97f
Literature reviews 文献综述 14–15, 60–63
　　compare-and-contrast 比较与对比 60
　　disappearing author 消失的作者 61, 61t
　　ideas, concepts, theories 根据观点、概念、理论组织文献综述 63
　　IMRD paper IMRD论文的文献综述 99–100
　　research papers 研究性论文的文献综述 14–15, 60–63
　　research proposal 研究计划书的文献综述 82
　　source reading, amount 需要阅读的资料数量 35–37, 37t
　　"So what?" question "所以呢？"问题 60
　　subheadings 小标题 62–63
Long assignment 长篇作业 13

M

Medium-length assignment 中等长度的作业 13

Memo 备忘录
　　idea 想法备忘录 17
　　progress 进展备忘录 17
Methodological approaches 研究方法 5–7
　　empirical 经验研究 5–6, 6t
　　theoretical 理论研究 5–6, 6t
Methods 方法
　　IMRD paper IMRD论文的方法部分 101–103
　　research proposal 研究计划书的方法部分 83–84
Microsoft Excel, graphs Microsoft Excel图表 89f, 90, 93
Mismatches between theory and evidence 理论与证据的不匹配 104
Missteps, avoiding common 避免常见错误 136–145
　　grandiose claims 夸大其词 136–138, 137t
　　overwriting 过度写作 138–140, 138f
　　sexism 性别歧视 140–145
Mixed-methods approach 混合方法 7
　　qualitative and quantitative data 定性和定量数据 77
Modeling 建模 94–95

N

No Idiot Principle "没有白痴"原则 66–67
Normative theory 规范性理论 41–42, 41t
Notes, lecture 课堂笔记 48–49

O

Objects of inquiry 研究对象 5–6, 6t
Op-ed articles 专栏文章 11, 19, 114–116
Opinions 意见 29–30, 115
Outline, research paper 研究性论文提纲 45–50
　　goals 目标 45–46

initial thoughts/hunches 初步想法/直觉 47
　　lecture notes 课堂笔记 48–49
　　organizing ideas 整理想法 49
　　partially completed paper 部分完成的论文 49–50
　　planning, initial 初步规划 46–47
　　planning, next steps 规划后续步骤 47–48
　　what you don't need 不需要写的内容 48
Outside help 外部帮助 185–186
Overwriting 过度写作 138–140, 138f

P

Paraphrasing 转述 155t, 156, 164–167
　　vs. quoting and summarizing 转述、引用和总结 154–156, 155t
Parenthetical citations 括号引用 174–176, 175t–176t
Passive voice 被动语态 134–135
Patchwork plagiarism 拼凑式抄袭 170–171
Persuasion, art of 说服的艺术 8
Persuasive evidence 有说服力的证据 63–65
Pie charts 饼图 92, 92f
Pilot tests 预调查 78–80
Plagiarism 抄袭 168–171
patchwork 拼凑式抄袭 170–171
　　Plural 复数
　　　　making subjects 将主语改成复数 142
　　　　sexism, avoiding 避免性别歧视 144
Policy memos 政策备忘录 11, 19, 114–116
Political science subfields 政治学子学科 2–7
　　American politics 美国政治 3–4, 3t
　　comparative politics 比较政治 3t, 4
　　international relations 国际关系 3t, 4–5
political theory 政治理论 3t, 5

Political scientist, thinking like 像政治学家一样思考 2, 33, 37–38

Primary sources 一手资料

    defined 定义 147

    locating credible 查找可信的一手资料 149–152

Progress memo 进展备忘录 17

Pronouns, nouns instead of 用名词，不用代词 142–143

Propose 提议 26t

Purpose 目的 8t, 9, 23, 24, 25

Q

Qualitative data 定性数据 75–77, 76t

Qualitative-interpretive method 定性–解释方法 6, 6t

    citing sources 定性–解释研究中如何引用资料来源 155–156

Quantitative data 定量数据 75–77

Quantitative-formal method 定量–形式方法 6, 6t

    citing sources 定量–形式研究中如何引用资料来源 155–156

    writing genre 写作体裁 11

Question 问题

    research 研究问题 38–41（另见Research question 研究问题）

    survey 调查问题 78–80

Question of method 方法问题 6

Quotations 引文

    block 整段引文 161–163

    direct 直接引语 155t, 156, 157–159, 158t, 159t

    grammatical consistency, editing for 编辑引文，确保语法一致 160–163

    vs. paraphrasing and summarizing 引用、转述和总结 154–156, 155t

R

Reader expectations 读者期望 7–8, 10

Reasoning, comparison 比较论据 14

Recursive 递归 31, 50–51
Reference list 参考文献列表 176, 176t–178t
Reference managers 参考文献管理软件 153–154
References 本书参考文献
    data visualization 数据可视化 190–191
    research guides 研究指南 190
Register 语体 9, 33, 38
Regression table 回归分析表 86–88, 87t
Research guides 研究指南 190
Research papers 研究性论文 15, 31–71 另见特定主题
    arguments, structuring 构建论证 45–50（另见Outline, research paper 研究性论文提纲）
    body, structural options 正文的结构选择 57–59, 59t
    cases 案例 43–45, 44f
    compare-and-contrast papers "比较与对比"论文 59
    conclusions, strong 强有力的结论 67–68
    introductions, first pass 第一遍写引言 50–57, 52f
    limitations and future directions 局限性与未来研究方向 68–70
    literature reviews 文献综述 14–15, 60–63
    No Idiot Principle "没有白痴"原则 66–67
    persuasive evidence 有说服力的证据 63–65
    registers 语体 33, 38
    research question 研究问题 38–41
    revision 修改 71
    scholarly conversation 学术对话 33–38
    "So what?" question, two versions 两类"所以呢？"问题 68, 69t
    steps 论文写作步骤 31–33, 32f
    theories 理论 41–42, 41t
    thinking like political scientist 像政治学家一样思考 2, 33, 37–38
    titles 标题 70
Research proposal 研究计划书 15–17, 81–85
    data collection and analysis 数据收集与分析 84
    hypothesis 假设 82
    introduction 引言 81–83

  literature review/background 文献综述/研究背景 82

  methods 方法部分 83–84

  results 结果部分 84–85

  scholarly conversation 学术对话 81

Research question 研究问题 38–41

  ambiguity 歧义 78–80

  bias 偏见 78

  framing 如何表述研究问题 78–80

  interesting, debatable, and answerable 有趣、有争议且可以回答的研究问题 39–41

  ongoing scholarly conversation 正在进行的学术对话 40

  "So what?" question "所以呢？"问题 39–40, 53

Response papers 读后感 18, 110–112

Restructured sentence 重组句子 144–145

Results 结果

  IMRD paper IMRD论文的结果部分 103–104

  research proposal 研究计划书的结果部分 84–85

Revision 修改

  IMRD paper 修改IMRD论文 109

  research paper 修改研究性论文 31, 71, 72

Rhetoric 修辞

  data presentation 数据呈现的修辞 87f, 96f, 97–98

  visual 视觉修辞 85 另见Data presentation 数据呈现

Rhetorical concepts 修辞概念 8–10, 8t

  audience 受众 8t, 9

  credibility 可信度 8t, 11

  genre 体裁 8t, 9–10

  purpose 目的 8t, 9

Rhetorical writing "修辞的"（雄辩的）写作 73

S

Scaffolding 搭脚手架 16

Scholarly conversation 学术对话 15, 33–38, 40, 51, 54, 56, 59, 61, 77, 111, 113, 123, 136
    defined 定义 35
    existing scholarship 现有学术研究 33–34, 34f
    IMRD papers IMRD论文中的学术对话 81, 99, 100
    outside sources 外部资料 34, 146, 148, 152
    register 语体 33, 38
    research proposals 研究计划书中的学术对话 81, 82
    source reading, amount 需要阅读的资料数量 35–37, 37t
Scholarly credibility 学术成果的可信度 104
Secondary sources 二手资料
    defined 定义 148
    locating credible 查找可信的二手资料 152–154
Sentence structure, avoiding sexism 调整句子结构，以避免性别歧视 144–145
Sexism, avoiding 避免性别歧视 141–145
    combined strategies 组合策略 143–144
    combined strategies, plurals 组合策略（使用复数）144
    combined strategies, restructured sentence 组合策略（重组句子）144–145
    "he or she"/"his or her" "他/她"/"他/她的" 141–142
    "he," replacing 替代"他"的策略 141
    nouns, instead of pronouns 用名词，不用代词 142–143
    nouns, removing some 删除部分名词 143
    subjects, making plural 将主语改成复数 142
Sexism, unintentional 无意中的性别歧视 140–141
Short assignment 短篇作业 13
Signposting 路标语 123–125, 124f
Similarities and differences 相似点与差异 14
Sources 资料 146–182
    academic researchers and governments 学术研究者和政府 150–153
    choosing appropriate 选择合适的资料 148–149
    citation styles 引用格式 171–181 另见Citations 引用
    data, IMRD paper IMRD论文中的数据来源 103
    footnotes 脚注 173–174

索　引

　　librarians 图书馆管理员 151–152

　　paraphrasing 转述 155t, 156, 164–167

　　paraphrasing *vs.* quoting *vs.* summarizing 转述、引用和总结 154–156, 155t

　　plagiarism 抄袭 168–171

　　primary 一手资料 147

　　primary, locating credible 查找可信的一手资料 149–152

　　quotations, direct 直接引语 155t, 156, 157–159, 158t, 159t

　　quotations, grammatical consistency 编辑引文，确保语法一致 160–163

　　reference managers 参考文献管理软件 153–154

　　secondary 二手资料 148

　　secondary, locating credible 查找可信的二手资料 152–154

　　summarizing 总结 163–164

"So what?" question "所以呢？" 问题 39–40, 53

　　conclusion 结论 67, 68, 69t

　　conclusion, answer in 在结论中回答"所以呢？"问题 132

　　introduction 在引言中抓住"所以呢？"问题的两层含义 53–54

　　literature review 在文献综述中部分回答"所以呢？"问题 60

　　two versions 两类"所以呢？"问题 68, 69t

Stances, verbs signaling 表明立场的动词 133, 134t

Straw man 稻草人 64

Structural options 结构选择 57–59, 59t

Student hypotheses 学生的假设 101t

Style 风格 123–145 另见特定主题

　　clear prose 清晰行文 131–135, 133t, 134t

　　hedging 模糊限制 104, 128–131, 129t, 130t

　　missteps, avoiding common 避免常见错误 136–145

　　signposting 路标语 123–125, 124f

　　transitions 过渡语 126–127, 127t

Subjects, making plural 将主语改成复数 142

Summarizing 总结 163–164

　　vs. paraphrasing and quoting 总结、转述和引用 154–156, 155t

Survey questions 调查问题

ambiguity 歧义 78–80

　　bias 偏见 78

Swan, Judith 朱迪思·斯旺 131–132

Syntax changes 转述时要改变句法 166–167

Synthesis 综合 14

T

Tables 表格 86–89, 86t

　　advantages 表格的优势 88–89

　　cross-tabulated 交叉表 76t, 86

　　regression 回归分析表 86–88, 87t

Term paper, length 学期论文的长度 13

Terms used 定义所使用的术语 103

Theoretical approaches 理论方法 5–6, 6t

　　writing genre 写作体裁 11–12

Theories 理论 41–42, 41t

　　applying to cases 将理论应用于案例 18–19, 43–45, 44f, 113–114

　　normative 规范性理论 41–42, 41t

　　in other subfields 理论在其他子学科中的含义 41t, 42

　　parameters and extension 理论的基本要素与适用范围 42

　　in political theory 理论在政治理论中的含义 41–42, 41t

Theories and the World papers "理论与现实世界"类型的论文 113

Thesaurus 同义词词典 166

Thinking 思考

　　like political scientist 像政治学家一样思考 2, 33, 37–38

　　like writer 像作家一样思考 7–8

Thinking prompts 思考提示 12

Titles 标题

　　IMRD paper IMRD论文的标题 109

　　research paper 研究性论文的标题 70

Too much information 信息过载 108–109

Transitions 过渡语 126–127, 127t, 131

V

Verbs 动词
    hedging and 动词与模糊限制 129, 129t
    precise 选择准确的动词 133–134, 133t, 134t
View, your own 你自己的观点 29
Visual rhetoric 视觉修辞 85, 87f, 96f, 97–98 另见Data presentation 数据呈现
Voice, active *vs.* passive 主动语态与被动语态 134–135

W

Writer, thinking like 像作家一样思考 7–8
Writing assignments, decoding 解读写作任务 22–30 另见Assignment prompt, decoding 解读任务提示
    assignment prompt 任务提示 22–27
    confusing prompt 令人困惑的任务提示 28–29
Writing center 写作中心 184, 185
Writing process 写作过程
    as recursive 递归 31, 50–51
    steps 步骤 32f, 33
"Wrote," alternatives to 可替代"写道"的动词 133, 133t

X

x-axis x轴 91

Y

y-axis y轴 91

"进阶书系"—— 授人以渔

在这个信息爆炸的时代,大学生在学习知识的同时,更应了解并练习知识的生产方法,要从知识的消费者成长为知识的生产者,以及使用者。而成为知识的生产者和创造性使用者,至少需要掌握三个方面的能力。

思考的能力:逻辑思考力,理解知识的内在机理;批判思考力,对已有的知识提出疑问。
研究的能力:对已有的知识、信息进行整理、分析,进而发现新的知识。
写作的能力:将发现的新知识清晰、准确地陈述出来,向社会传播。

但目前高等教育中较少涉及这三种能力的传授和训练。知识灌输乘着惯性从中学来到了大学。

有鉴于此,"进阶书系"围绕学习、思考、研究、写作等方面,不断推出解决大学生学习痛点、提高方法论水平的教育产品。读者可以通过图书、电子书、在线音视频课等方式,学习到更多的知识。

同时,我们还将持续与国外出版机构、大学、科研院所密切联系,将"进阶书系"中教材的后续版本、电子课件、复习资料、课堂答疑等及时与使用教材的大学教师同步,以供授课参考。通过添加我们的官方微信"学姐领学"(微信号:unione_study)或者电话15313031008,留下您的联系方式和电子邮箱,便可以免费获得您使用的相关教材的国外最新资料。

我们将努力为以学术为志业者铺就一步一步登上塔顶的阶梯,帮助在学界之外努力向上的年轻人打牢解决实际问题的能力,成为行业翘楚。

品牌总监	刘 洋
特约编辑	王逸环 何梦姣
营销编辑	王艺娜
封面设计	马 帅
内文制作	胡凤翼